SPANISH

in 10 minutes a day™

by **Kristine Kershul**, M.A., University of California, Santa Barbara

adapted by **Christy George**

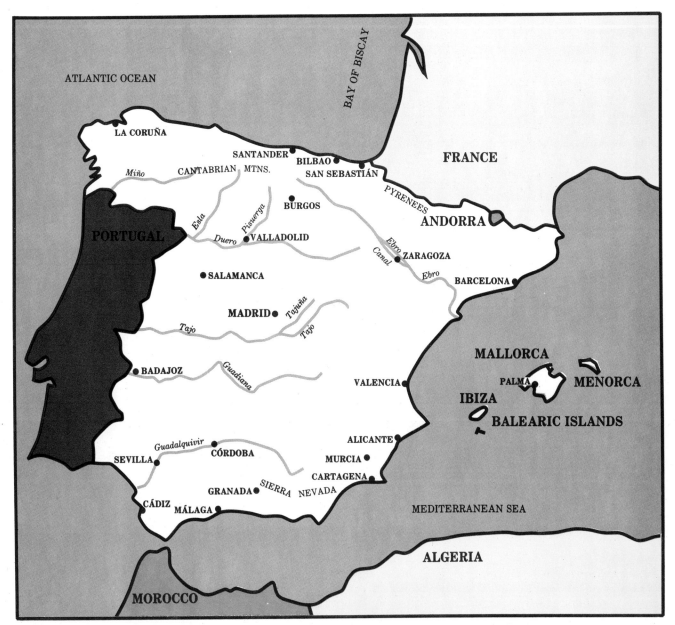

Published by
Bilingual Books, Inc.
5903 Seaview Avenue N.W.
Seattle, Washington 98107, U.S.A.
Telephone: (206) 789-7544
Telex: 499 6629 BBKS UI

Distributed by
USA: Cliffs Notes, Inc., Box 80728, Lincoln, Nebraska 68501
UK: Ruskin Book Services, 15 Comberton Hill, Kidderminster
      Worcestershire DY10 1QG
Copyright © 1981 by Bilingual Books, Inc. and Kristine Kershul.
All rights reserved. Sixth edition: printed 1985.
(ISBN 0-916682-97-8)

El Alfabeto
(ahl-fah-beh-toh)

Many Spanish letters sound the same as in English, but some Spanish letters are pronounced or written differently. To learn the Spanish sounds of these letters, write each example in the space provided.

Spanish letter	English sound	Example	(Write it here)	Meaning
a	ah	**ga̱to** (gah-toh)	*gato*	cat
ai	i/y	**ba̱ile** (by-leh)		dance
au	ow	**a̱utobús** (ow-toh-boos)		bus
c *(before e or i)*	s	**informac̱ión** (een-for-mah-see-ohn)		information
c *(elsewhere)*	k	**c̱ama** (kah-mah)		bed
e	eh	**pe̱rro** (peh-rroh)		dog
ei	ay/eh	**se̱is** (sehs)		six
g *(before e or i)*	h	**g̱ente** (hehn-teh)		people
g *(elsewhere)*	g	**g̱rande** (grahn-deh)		big
h	*(silent)*	**ẖombre** (ohm-breh)		man
i	ee	**sí̱** (see)		yes
j	h	**muj̱er** (moo-hair)		woman
ll	y	**lḻeno** (yeh-noh)		full
ñ	n-y	**maṉ̃ana** (mahn-yah-nah)		tomorrow
o	oh	**co̱mida** (koh-mee-dah)		meal
qu	k	**qu̱é** (keh)		what
r	*(slightly rolled)*	**pe̱ro** (peh-roh)		but
rr	*(heavily rolled)*	**perṟo** (peh-rroh)		dog
u	oo	**mu̱cho** (moo-choh)	*mucho*	much
ua	wah	**agu̱a** (ah-gwah)		water
ue	weh	**bue̱no** (bweh-noh)		good
x	s	**ex̱acto** (eh-sahk-toh)		exact
y	ee	**y̱** (ee)		and

Look what you can say already.

hombre grande

gato y perro

autobús grande

autobús lleno

hombre bueno

hombre y mujer

When you arrive in **España,** *(ehs-pahn-yah)* **Sudamérica** *(sood-ah-meh-ree-kah)* or **Méjico,** *(meh-hee-koh)* the very first thing you will need
Spain   South America   Mexico

to do is to ask questions — "Where is the train station?" "Where can I exchange money?"

"Where (**dónde**) *(dohn-deh)* is the lavatory?" "**Dónde** is a restaurant?" "**Dónde** do I catch a taxi?"

"**Dónde** is a good hotel?" "**Dónde** is my luggage?" — and the list will go on and on for

the entire length of your visit. In Spanish, there are SEVEN KEY QUESTION WORDS

to learn. For example, the seven key question words will help you to find out exactly what

you are ordering in a restaurant before you order it — and not after the surprise (or

shock!) arrives. Take a few minutes to study and practice saying the seven basic question

words listed below. Notice that only one letter is different in the Spanish words for "when"

and "how much," so be sure not to confuse them. Then cover the Spanish words with your

hand and fill in each of the blanks with the matching Spanish **palabra.** *(pah-lah-brah)*
word

1.	**DÓNDE** *(dohn-deh)*	=	WHERE	*dónde, dónde, dónde*
2.	**QUÉ** *(keh)*	=	WHAT	_____
3.	**QUIÉN** *(kee-en)*	=	WHO	_____
4.	**POR QUÉ** *(pour-keh)*	=	WHY	_____
5.	**CUÁNDO** *(kwahn-doh)*	=	WHEN	_____
6.	**CÓMO** *(koh-moh)*	=	HOW	_____
7.	**CUÁNTO** *(kwahn-toh)*	=	HOW MUCH	_____

3

Now test yourself to see if you really can keep these **palabras** *(pah-lah-bras)* straight in your mind. Draw
lines between the Spanish **y** *(ee)* English equivalents below.

why	**quién**
what	**qué**
who	**dónde**
how	**cuánto**
where	**cuándo**
when	**por qué**
how much	**cómo**

Examine the following questions containing these **palabras**. Practice the sentences out loud
y *(ee)* then quiz yourself by filling in the blanks below with the correct question **palabra**.

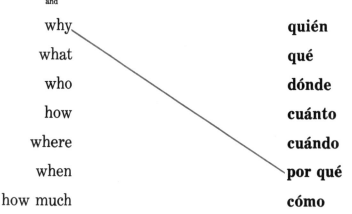

¿Dónde está el *(es-tah)*
teléfono? *(teh-leh-foh-noh)*
Where is the telephone?

¿Quién es ése? *(es)*
Who   is   that?

¿Cuándo viene el tren? *(vee-eh-neh)* *(trehn)*
When   comes the train?

¿Cuánto cuesta esto? *(kwehs-tah)*
How much costs   this?

¿Qué pasa? *(pah-sah)*
What is happening?

¿Cómo está la ensalada? *(ehn-sah-lah-dah)*
How   is   the salad?

¿Cuándo viene el hombre? *(vee-en-neh)* *(ohm-breh)*
When   comes the man?

¿Por qué no viene el tren? *(trehn)*
Why   not comes the train?

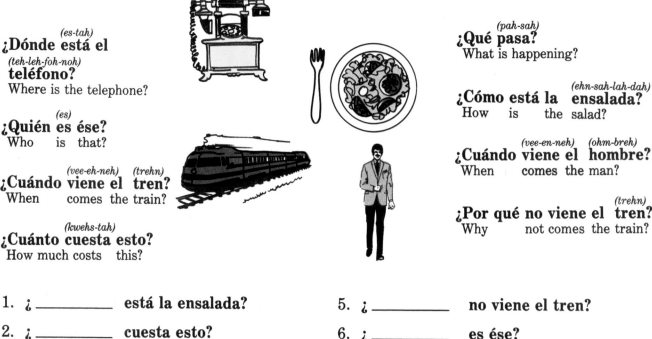

1. ¿ _____ está la ensalada?

2. ¿ _____ cuesta esto?

3. ¿ *Qué* pasa?

4. ¿ _____ está el teléfono?

5. ¿ _____ no viene el tren?

6. ¿ _____ es ése?

7. ¿ _____ viene el tren?

8. ¿ _____ viene el hombre?

"**Dónde**" will be your most used question **palabra,** so let's concentrate on it. Say each of

the following Spanish sentences aloud many times. Then write out each sentence without

looking at the example. If you don't succeed on the first try, don't give up. Just practice

each sentence until you are able to do it easily. Don't forget that "**ei**" is pronounced like

4 "**ay**" and "**ie**" like "**ee-eh.**" Also, in Spanish, the letter "**h**" **es** *(es)* silent.

¿Dónde está el lavatorio? *(lah-vah-toh-ree-oh)*

¿Dónde está el taxi? *(tah-see)*

¿Dónde está el autobús? *(ow-toh-boos)*

¿Dónde está el taxi?

¿Dónde está el restaurante? *(res-tow-rahn-teh)*

¿Dónde está el banco? *(bahn-koh)*

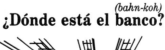 

¿Dónde está el hotel? *(oh-tel)*

Sí, *(see)* many of the **palabras** which look like **inglés** *(een-gles)* are also Spanish. Since **inglés y español** *(ehs-pahn-yohl)*
yes   English   Spanish

are related languages, your work here **es** simpler. You will be amazed at the number of

palabras which are identical (or almost identical). Of course, they do not always sound the

same when spoken by a Spaniard, but the similarity will certainly surprise you. Listed

below are five "free" **palabras** beginning with "A" to help you get started. Be sure to say

each **palabra** aloud **y** *(ee)* then write out the Spanish **palabra** in the blank next to it.

☑ **el abril** *(ah-breel)*	April	*el abril*
☑ **absoluto** *(ahb-soh-loo-toh)*	absolute	
☑ **el accidente** *(ahk-see-dehn-teh)*	accident	
☑ **activo** *(ahk-tee-voh)*	active	
☑ **el acto** *(ahk-toh)*	act (of a play)	

Free **palabras** like these will appear at the bottom of the following pages in a yellow color

band. They are easy — enjoy them!

5

Step 2

"the"

All of these words mean "the":

el	la	los	las

el niño: the boy

la niña: the girl

los niños: the boys

las niñas: the girls

"a" or "an"

All of these words mean "a" or "an," or "some" in the plural:

un	una	unos	unas

un tren: a train

una palabra: a word

un americano: an American

unos trenes: some trains

unas palabras: some words

unos americanos: some Americans

(ehs-pan-yol)
Español has multiple **palabras** for "the" **y** "a," but there **es** no need to worry about it.
Spanish

Just make a choice **y** remember to use one of these **palabras** when you mean "the" *(oh)* **o** "a".
or

Step 3

(koh-sas)
Las Cosas
things

(kon)
Before you proceed **con** this step, situate yourself comfortably in your living room. Now
with

look around you. Can you name the things which you see in this *(kwar-toh)* **cuarto** in Spanish?
room

Probably you can guess **el** *(soh-fah)* **sofá** and maybe even **la** *(lam-pah-rah)* **lámpara**. Let's learn the rest of them.

After practicing these **palabras** out loud, write them in the blanks below **y** on the next page.

(peen-too-rah)
la pintura = the picture *la pintura*

(teh-choh)
el techo = the ceiling _____

☑ **el agosto** *(ah-gos-toh)* .... August _____
☐ **la agricultura** *(ah-gree-kool-too-rah)* .... agriculture _____
☐ **álgebra** *(ahl-heh-brah)* .... algebra _____
☐ **la América** *(ah-meh-ree-kah)* .... America _____
☐ **el animal** *(ah-nee-mal)* .... animal _____

6

(reen-kohn) **el rincón**	= the corner	
(ven-tah-nah) **la ventana**	= the window	
(lam-pah-rah) **la lámpara**	= the lamp	
(loos) **la luz**	= the light	
(soh-fah) **el sofá**	= the sofa	
(see-yah) **la silla**	= the chair	
(al-fom-brah) **la alfombra**	= the carpet	
(meh-sah) **la mesa**	= the table	
(pwair-tah) **la puerta**	= the door	
(reh-loh) **el reloj**	= the clock	
(kor-tee-nah) **la cortina**	= the curtain	*la cortina*
(pah-red) **la pared**	= the wall	

You will notice that the correct form of **el o la** is given **con** each noun. This is for your

_{with}

information — just remember to use one of them. Now open your book to the sticky labels

(between pages 48 and 49). Peel off the first 14 labels **y** proceed around **el cuarto,** labeling

^(kwar-toh)

these items in your home. This will help to increase your **español palabra** power easily.

Don't forget to say **la palabra** as you attach each label.

Now ask yourself, "**¿Dónde está la pintura?**" **y** point at it while you answer, "**Allí está**

^(ah-yee)_{there}

la pintura." Continue on down the list until you feel comfortable with these new **palabras.**

Say, "**¿Dónde está el techo?**" Then reply, "**Allí está el techo,**" and so on. When you

can identify all the items on the list, you will be ready to move on.

Now, starting on the next page, let's learn some basic parts of the house.

☐ **anual** *(ah-noo-al)*	annual	
☐ **la aplicación** *(ah-plee-kah-see-ohn)*	application	
☐ **el artista** *(ar-tees-tah)*	artist	
☐ **la atención** *(ah-ten-see-ohn)*	attention	
☐ **el automóvil** *(ow-toh-moh-veel)*	auto, car	*el automóvil*

7

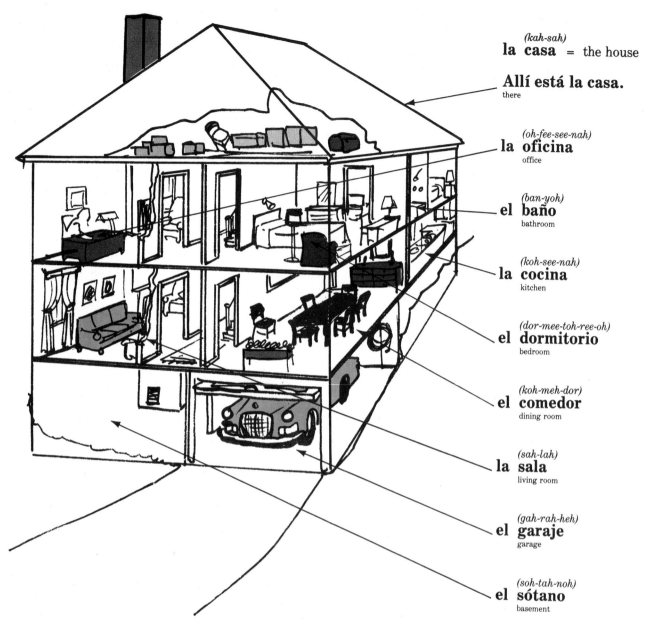

(kah-sah)
la casa = the house

Allí está la casa.
there

(oh-fee-see-nah)
la oficina
office

(ban-yoh)
el baño
bathroom

(koh-see-nah)
la cocina
kitchen

(dor-mee-toh-ree-oh)
el dormitorio
bedroom

(koh-meh-dor)
el comedor
dining room

(sah-lah)
la sala
living room

(gah-rah-heh)
el garaje
garage

(soh-tah-noh)
el sótano
basement

While learning these new words, let's not forget

(ow-toh-moh-veel) *(koh-cheh)*
el automóvil/el coche

(bee-see-kleh-tah)
la bicicleta

(peh-rroh)
el perro

la bicicleta

- ☐ **el balcón** *(bal-kon)* .... balcony
- ☐ **la batalla** *(bah-tah-yah)* .... battle
- ☐ **el biftec** *(beef-tek)* .... beefsteak
- ☐ **blando** *(blan-doh)* .... bland
- ☐ **la botella** *(boh-teh-ya)* .... bottle

(gah-toh)
el gato

(har-deen)
el jardín

(koh-rreh-oh)
el correo

_____   _____   *el correo*

(boo-son)
el buzón
mailbox

(floh-res)
las flores

(teem-breh)
el timbre

_____   _____   _____

Peel off the next set of labels **y** wander through your **casa** learning these new **palabras**.

Granted, it will be somewhat difficult to label your **perro, gato o las flores**, but use your imagination.

Again, practice by asking yourself, "**¿Dónde está el jardín?**" and reply, "**Allí está el**
<u>there</u>
jardín."

Dónde está

☐ **la calculación** *(kal-koo-lah-see-ohn)* . . . . . calculation   _____
☐ **la calma** *(kal-mah)* . . . . calm   _____
☐ **la capital** *(kah-pee-tal)* . . . . capital   _____
☐ **el carácter** *(kah-rak-tair)* . . . . character   _____
☐ **la causa** *(kow-sah)* . . . . cause   _____

9

Step 4

(oo-noh) (dos) (trehs)
Uno, dos, tres!
one   two   three

(ool-tee-moh) (een-gles)
"Uno, dos, tres, el último es inglés . . ."
One two three the last   is   (an) English(man)

Walking through the streets of Buenos Aires, you might hear children reciting this rhyme.

By using the three counting words, **uno, dos, tres,** the children might be choosing sides for

a game like **fútbol.** *(foot-bohl)* But what about the other **números?** *(noo-meh-rohs)* You'll find that many of them
soccer   numbers

are similar to English **palabras.** For example, notice how **"uno"** resembles "union" and
one

"unicycle." Or how about "trio" and **"tres,"** or "octagon" and **"ocho"?** **Y,** notice the
three   eight

similarities (underlined) below between English counting **palabras** such as eight and

eighteen and Spanish counting **palabras** like **ocho** y **dieciocho.** *(diez y ocho)* After practicing **las**
eight and ten   eight   ten and eight

palabras out loud, cover the **español y** write out **los números** 1 through 10 in the blanks.
numbers

0	*(seh-roh)* **cero**			0	_cero_
1	*(oo-noh)* **uno**	11	*(on-seh)* **once**	1	
2	*(dos)* **dos**	12	*(doh-seh)* **doce**	2	
3	*(trehs)* **tres**	13	*(treh-seh)* **trece**	3	
4	*(kwah-troh)* **cuatro**	14	*(kah-tor-seh)* **catorce**	4	
5	*(seen-koh)* **cinco**	15	*(keen-seh)* **quince**	5	
6	*(sehs)* **seis**	16	*(dee-eh-see-sehs)* **dieciséis**	6	
7	*(see-eh-teh)* **siete**	17	*(dee-eh-see-see-eh-teh)* **diecisiete**	7	
8	*(oh-choh)* **ocho**	18	*(dee-eh-see-oh-choh)* **dieciocho**	8	
9	*(nweh-veh)* **nueve**	19	*(dee-eh-see-nweh-veh)* **diecinueve**	9	
10	*(dee-es)* **diez**	20	*(vain-teh)* **veinte**	10	

☐ **el centro** *(sen-troh)* . . . . center   _____
☐ **el círculo** *(seer-koo-loh)* . . . . circle   _____
☐ **la civilización** *(see-vee-lee-sah-see-ohn)* . . civilization   _____
☐ **la clase** *(klah-seh)* . . . . class   _____

10 ☐ **la colección** *(koh-lek-see-oh)* . . . . collection _____

Use these **números** *(noo-meh-rohs)* on a daily basis. Count to yourself **en español** *(en) in Spanish* when you brush your teeth, exercise, **o** commute to work. Now fill in the following blanks according to the **números** given in parentheses.

Note: This is a good time to start learning these two important phrases.

Yo quiero *(yoh) (kee-yeh-roh)*	=	I would like/want	*Yo quiero*	
Nosotros queremos *(noh-soh-tros) (keh-reh-mos)*	=	we would like/want	_____	

Yo quiero _____ (15) | **hojas de papel.** *(oh-has) (deh)(pah-pel)* sheets of paper | **¿Cuántas?** _____ (15)

Yo quiero _____ (10) | **tarjetas postales.** *(tar-heh-tas) (pos-tah-les)* postcards | **¿Cuántas?** _____ (10)

Yo quiero _____ (11) | **sellos.** *(seh-yos)* stamps | **¿Cuántos?** _____ (11)

Yo quiero _____ (8) | **litros de gasolina.** *(lee-tros) (deh)(gah-soh-lee-nah)* liters of gas | **¿Cuántos?** *ocho* (8)

Yo quiero _____ (1) | **vaso de naranjada.** *(vah-soh) (deh) (nah-ran-hah-dah)* glass of orange drink | **¿Cuántos?** _____ (1)

Nosotros queremos _____ (3) | **tazas de té.** *(tah-sas) (teh)* cups of tea | **¿Cuántas?** _____ (3)

Nosotros queremos _____ (4) | **billetes.** *(bee-yeh-tes)* tickets | **¿Cuántos?** _____ (4)

Nosotros queremos *dos* (2) | **cervezas.** *(sair-veh-sas)* beers | **¿Cuántas?** _____ (2)

Yo quiero _____ (12) | **huevos frescos.** *(weh-vos) (fres-kos)* eggs fresh | **¿Cuántos?** _____ (12)

Nosotros queremos _____ (6) | **kilos de carne.** *(kee-los) (kar-neh)* kilograms of meat | **¿Cuántos?** _____ (6)

Nosotros queremos _____ (5) | **vasos de agua.** *(vah-sos) (ah-gwah)* glasses of water | **¿Cuántos?** _____ (5)

Yo quiero _____ (7) | **vasos de vino.** *(vee-noh)* glasses of wine | **¿Cuántos?** _____ (7)

Nosotros queremos _____ (9) | **kilos de mantequilla.** *(kee-los) (man-teh-kee-yah)* kilograms of butter | **¿Cuántos?** _____ (9)

☐ **cómico** *(koh-mee-koh)* . . . . comical _____
☐ **la compañía** *(kom-pan-yee-ah)* . . . . company _____
☐ **la comunicación** *(koh-moo-nee-kah-see-ohn)* . communication _____
☐ **la condición** *(kon-dee-see-ohn)* . . . . condition _____
☐ **la conversación** *(kon-vair-sah-see-ohn)* . . . . . conversation _____

Now see if you can translate the following thoughts into **español**. The answers are at the bottom of the **página**.

(pah-hee-nah)

page

1. I would like 7 postcards.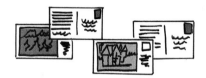

_____

2. I would like 1 beer. *Yo quiero una cerveza.*

3. We would like 2 glasses of water.

_____

4. We would like 3 theater tickets.

_____

Review **los números** 1 through 20 **y** answer the following questions aloud, **y** then write the answers in the blank spaces.

(kwan-tas) *(meh-sas)* *(ah-ee)*
¿Cuántas mesas hay
are there

(ah-kee)
aquí?
here

tres

(lam-pah-ras) *(ah-ee)*
¿Cuántas lámparas hay

(ah-kee)
aquí?

_____

(see-yas)
¿Cuántas sillas hay

aquí?

_____

ANSWERS

4. Nosotros queremos tres billetes.
3. Nosotros queremos dos vasos de agua.
2. Yo quiero una cerveza.
1. Yo quiero siete tarjetas postales.

¿Cuántos **relojes** (*reh-loh-hes*) hay aquí?

_____

¿Cuántas **ventanas** (*ven-tah-nas*) hay aquí?

_____

¿Cuántas **personas** (*pair-soh-nas*) hay aquí?

seis

¿Cuántos **hombres** (*om-bres*) hay aquí?

_____

¿Cuántas **mujeres** (*moo-heh-res*) hay aquí?

_____

Los Colores (*koh-loh-res*)
colors

Step 5

Colores son the same **en España y Sudamérica** as **en América** (*ah-meh-ree-kah*) — they just have different

nombres. You can easily recognize **violeta** (*vee-oh-leh-tah*) as violet and **púrpura** (*poor-poo-rah*) as purple. So when you
names

are invited to someone's **casa y** (*kah-sah*) you want to bring flowers, you will be able to order the
house

correct color of flowers. (Contrary to American custom, **en Europa** (*eh-oo-roh-pah*) **flores rojas, y** (*floh-res*) (*roh-has*)
Europe   flowers   red

particularly **rosas rojas,** (*roh-sas*) are only exchanged between lovers!) Let's learn the basic **colores.** (*koh-loh-res*)
roses

Once you have read through **la lista** (*lees-tah*) on the next **página,** (*pah-hee-nah*) cover the **español con** your **mano** (*mah-noh*)
list   page   with   hand

y practice writing out the **español** next to the **inglés.** Notice the similarities (underlined)

between the **palabras en español y en inglés.**

☑ **el cheque** (*cheh-keh*) .... check   _____
☐ **el chocolate** (*choh-koh-lah-teh*) .... chocolate   _____
☐ **correcto** (*koh-rrek-toh*) .... correct   _____
☐ **la crema** (*kreh-mah*) .... cream   _____
☐ **la cultura** (*kool-too-rah*) .... culture   _____

13

(blan-koh)
blanco = white _____ *(bar-koh)* **El barco es blanco.**
boat

(neh-groh)
negro = black _____ *(peh-loh-tah)* **La pelota es negra.**
ball

(ah-mah-ree-yoh)
amari<u>ll</u>o = yel<u>l</u>ow _____ *(plah-tah-noh)* **El plátano es amarillo.**
banana

(roh-hoh)
<u>r</u>ojo = <u>r</u>ed _____ *(lee-broh)* **El libro es rojo.**
book

(ah-sool)
az<u>u</u>l = bl<u>u</u>e _____ *(ow-toh-moh-veel)* **El automóvil es azul.**

(grees)
<u>gr</u>is = <u>gr</u>ay _____ *(eh-leh-fan-teh)* **El elefante es gris.**

(mah-rron)
marrón = brown _____ *(see-yah)* **La silla es marrón.**
chair

(vair-deh)
verde = green *verde* _____ *(yair-bah)* **La hierba es verde.**
grass

(roh-sah-doh)
rosado = pink _____ *(flohr)* **La flor es rosada.**

(mool-tee-koh-lor)
multicolor = <u>multi-colored</u> _____ *(lam-pah-rah)* **La lámpara es multicolor.**

Now peel off the next *(dee-es)* **diez** labels **y** proceed to label these **colores en** your **casa.** Now let's practice using these **palabras.**

¿Dónde está el barco blanco?   **Allí está el barco** _____.
boat

¿Dónde está la mesa negra?   **Allí está la mesa** *negra*.
table

¿Dónde está la silla marrón?   **Allí está la silla** _____.
chair

¿Dónde está la pelota blanca?   **Allí está la pelota** _____.
ball

¿Dónde está la lámpara multicolor?   **Allí está la lámpara** _____.

¿Dónde está el libro rojo?   **Allí está el libro** _____.
book

☐ **decente** *(deh-sen-teh)* . . . . decent _____
☐ **la decisión** *(deh-see-see-ohn)* . . . . decision _____
☐ **la declaración** *(deh-klah-rah-see-ohn)* . . . declaration _____
☐ **depender** *(deh-pen-dair)* . . . . to depend _____
14 ☐ **la desgracia** *(des-grah-see-ah)* . . . . disgrace _____

¿Dónde está la puerta verde? Allí está la puerta_____.

¿Dónde está la casa rosada? Allí está la casa_____.

¿Dónde está el plátano amarillo? Allí está el plátano

_____.

Note: **En español,** the verb for "to have" **es "tener."**

Yo tengo = I have _____	**Nosotros tenemos** = we have _____

Let's review **querer y** learn **tener.** Be sure to repeat each sentence out loud.
to want/would like

Yo quiero un **vaso** *(vah-soh)*
de cerveza. glass

Nosotros **queremos dos vasos**
de vino. would like/want

Yo quiero un vaso de agua.

Nosotros queremos una
ensalada.

Nosotros queremos tener
un automóvil.

Nosotros queremos tener un automóvil en
Europa.

Yo tengo un vaso de cerveza. have

Nosotros tenemos dos vasos
de vino. have

Yo tengo una casa.

Yo tengo una casa en América.

Yo tengo un automóvil.

Nosotros tenemos un automóvil
en Europa.

Now fill in the following blanks **con** the correct form of **tener or querer.**

Nosotros tenemos _____ tres automóviles.
(we   have)

_____ dos billetes.
(we   would   like)

_____ una pintura.
(I   have)

_____ siete tarjetas postales.
(I   would   like)

☐ **la diferencia** *(dee-feh-ren-see-ah)* . . . . . . difference	_____
☐ **la distancia** *(dees-tan-see-ah)* . . . . distance	_____
☐ **la división** *(dee-vee-see-ohn)* . . . . division	_____
☐ **el doctor** *(dok-tor)* . . . . doctor	_____
☐ **el documento** *(doh-koo-men-toh)* . . . . document	_____

15

(ah-kee)
Aquí está a quick review of the **colores**. Draw lines between **las palabras españolas y los**
here

colores correctos. On your mark, get set, *GO!*

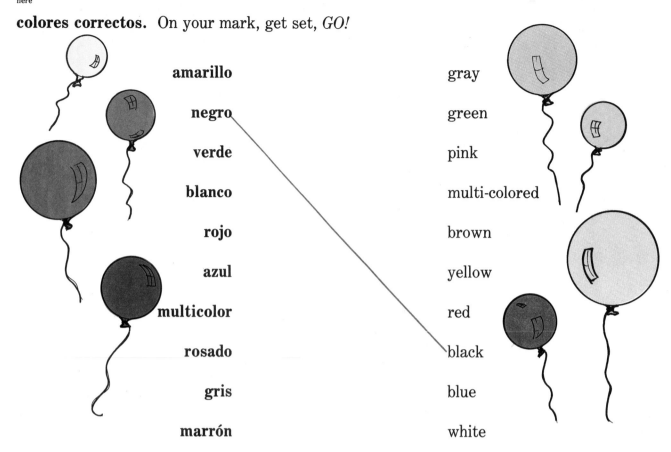

amarillo	gray
negro	green
verde	pink
blanco	multi-colored
rojo	brown
azul	yellow
multicolor	red
rosado	black
gris	blue
marrón	white

En español, plurals are formed simply by adding an "s" **o** an "es." It's easy!

(bee-see-kleh-tah) **la bicicleta** bicycle	*(bee-see-kleh-tahs)* **las bicicletas**
(teh-leh-foh-noh) **el teléfono**	*(teh-leh-foh-nos)* **los teléfonos**
(ow-toh-boos) **el autobús** bus	*(ow-toh-boo-sehs)* **los autobuses**

Also notice how endings agree **en español.**

(roh-hah) **la bicicleta roja** red	*(roh-hahs)* **las bicicletas rojas**
(neh-groh) **el teléfono negro** black	*(neh-gros)* **los telefonos negros**
(vehr-deh) **el autobús verde** green	**los autobuses verdes**

☐ **la economía** *(eh-koh-noh-mee-ah)* . . . . economy
☐ **eléctrico** *(eh-lek-tree-koh)* . . . . electric
☐ **enorme** *(eh-nor-meh)* . . . . enormous
☐ **entrar** *(en-trar)* . . . . to enter
☐ **error** *(eh-rror)* . . . . error

(dee-neh-roh)
El Dinero
money

Before starting this Step, go back y review Step 4. Make sure you can count to **veinte** *(vain-teh)*

without looking back at **el libro**. Let's learn the larger **números** *(noo-meh-rohs)* now, so if something

costs more than 20 **pesos** *(peh-sohs)* you will know exactly **cuanto** it costs. After practicing aloud

los números españoles 10 through 100 below, write these **números** in the blanks provided.

Again, notice the **similaridades** *(see-mee-lah-ree-dah-des)* (underlined) between **números** such as **sesenta** (60), *(seh-sen-tah)*

seis *(sehs)* (6) **y diecíséis** *(dee-eh-see-sehs)* (16).

10	**diez** *(dee-es)*	(cuatro + seis = diez)	10	_____
20	**veinte** *(vain-teh)*	(dos = 2)	20	*veinte*
30	**treinta** *(train-tah)*	(<u>tres</u> = 3)	30	_____
40	**cuarenta** *(kwah-ren-tah)*	(<u>cuatro</u> = 4)	40	_____
50	**cincuenta** *(seen-kwen-tah)*	(<u>cinco</u> = 5)	50	_____
60	**sesenta** *(seh-sen-tah)*	(<u>seis</u> = 6)	60	_____
70	**setenta** *(seh-ten-tah)*	(<u>siete</u> = 7)	70	_____
80	**ochenta** *(oh-chen-tah)*	(<u>ocho</u> = 8)	80	_____
90	**noventa** *(noh-ven-tah)*	(<u>nueve</u> = 9)	90	_____
100	**ciento** *(see-en-toh)*		100	_____
500	**quinientos** *(kee-nee-en-tos)*		500	_____
1000	**mil** *(meel)*		1000	*mil*

Now take a logical guess. **Cómo** would you write (**y** say) the following? (The answers

están at the bottom of the **página**.)

400 _____   600 _____

2000 _____   5300 _____

ANSWERS

5300 = cinco mil trescientos
600 = seiscientos

2000 = dos mil
400 = cuatrocientos

The unit of currency **en Méjico** *(meh-hee-koh)* **es el peso.** *(peh-soh)* A bill is called **un billete** *(bee-yeh-teh)* (like a ticket!)

and a coin is called **una moneda.** *(moh-neh-dah)* Just as **un dólar americano** can be broken down into

100 pennies, **un peso** can be broken down into 100 **centavos.** *(sen-tah-vos)* (Coins are also called

cambio, *(kahm-bee-oh)* meaning "change.") Let's learn the various kinds of **billetes y monedas.** Always

be sure to practice each **palabra** out loud. You might want to exchange some money

ahora *(ah-oh-rah)* so that you can familiarize yourself **con** the **varias monedas y billetes.** *(vah-ree-ahs)*
now ... various

Billetes

(seen-koh)
cinco pesos

(dee-es)
diez pesos

(vain-teh)
veinte pesos

(seen-kwen-tah)
cincuenta pesos

(see-en)
cien pesos
hundred

(kee-nee-en-tos)
quinientos pesos

(meel)
mil pesos

Monedas

(sen-tah-vos)
cinco centavos

veinte centavos

cincuenta centavos

un peso

English words that start with **sp** or **st** have an **e** in front of them in **español.**
☐ **espléndido** *(es-plen-dee-doh)* . . . . splendid   _____
☐ **la estación** *(es-tah-see-ohn)* . . . . station   _____
☐ **el estado** *(es-tah-doh)* . . . . state   _____
☐ **el estudiante** *(es-too-dee-an-teh)* . . . . student   _____

Review **los números diez** through **mil** again. **Ahora, cómo** do you say "twenty-two" **o** "fifty-three" **en español?** Just as **en inglés,** but with an **"y"** added—twenty-and-two, **o** *(veinte y dos)*

(cincuenta y tres)
fifty-and-three. See if you can say **y** write out **los números** on this **página.** The answers

están at the bottom of the **página.**

a. 25 = _____
   (20 and 5)

b. 47 = *cuarenta y siete*
   (40 and 7)

c. 84 = _____
   (80 and 4)

d. 51 = _____
   (50 and 1)

e. 36 = _____
   (30 and 6)

f. 93 = _____
   (90 and 3)

g. 68 = _____
   (60 and 8)

h. 72 = _____
   (70 and 2)

To ask what something costs **en español,** you say, **"¿Cuánto cuesta ésto?"** **Ahora,** answer
(kwahn-toh) *(kwehs-tah)* *(ah-oh-rah)*
now
the following questions based on the **números** in parentheses.

1. **¿Cuánto cuesta esto?**
   costs   this
   Esto cuesta _____ **pesos.**
   (10)

2. **¿Cuánto cuesta esto?**
   that
   Esto cuesta *veinte* **pesos.**
   (20)

3. **¿Cuánto cuesta el libro?**
   Esto cuesta _____ **pesos.**
   (17)

4. **¿Cuánto cuesta la tarjeta postal?**
   Esto cuesta _____ **pesos.**
   (2)

5. **¿Cuánto cuesta el rollo de película?**
   (roh-yoh) *(peh-lee-koo-lah)*
   roll   film
   Esto cuesta _____ **pesos.**
   (5)

6. **¿Cuánto cuesta el cuarto?**
   Esto cuesta _____ **pesos.**
   (150)

7. **¿Cuánto cuesta la pintura?**
   Esto cuesta _____ **pesos.**
   (1324)

ANSWERS

¡Congratulations!

7. mil trescientos veinte y cuatro	2. veinte	e. treinta y seis
6. ciento cincuenta	1. diez	d. cincuenta y uno
5. cinco	h. setenta y dos	c. ochenta y cuatro
4. dos	g. sesenta y ocho	b. cuarenta y siete
3. diecisiete	f. noventa y tres	a. veinte y cinco

19

Step 7

(oy)	*(mahn-yah-nah)*	*(ah-yair)*	
Hoy, Mañana y Ayer			
today	tomorrow	and yesterday	

(kah-len-dah-ree-oh)
El calendario

(seh-mah-nah) *(tee-en-neh)* *(dee-as)*
Una semana tiene siete días.
week   has   days

domingo	lunes	martes	miércoles	jueves	viernes	sábado
1	2	3	4	5	6	7

(mwee) *(eem-por-tahn-teh)* *(dee-as)* *(vah-ree-ahs)* *(par-tes)*
Es muy importante to know the **días** of **la semana y** the **varias partes** of **el día.** Let's
it is very   days   various parts

learn them. Be sure to say them aloud before filling in the blanks below.

(doh-meen-goh)
domingo _____

(loo-nes)
lunes _____

(mar-tes)
martes _____

(mee-air-koh-les)
miércoles _____

(hoo-eh-ves)
jueves *jueves*

(vee-air-nes)
viernes _____

(sah-bah-doh)
sábado _____

(oy) *(mahn-yah-nah)* *(ah-yair)* *(eh-rah)*
If **hoy es miércoles,** then **mañana es jueves y ayer era martes. Ahora,** you supply the
is   was

correct answers. If **hoy es lunes,** then **mañana es** *martes* **y ayer era**

_____. Or, if **hoy es lunes,** then _____ **es martes y** _____

era domingo. ¿Qué es hoy? Hoy es _____.

Ahora, peel off the next **siete** labels **y** put them on a **calendario** you use every day.
(kah-len-dah-ree-oh)

From **ahora** on, Monday **es lunes!**

☐ **exacto** *(eh-sak-toh)* . . . . exact _____
☐ **excelente** *(eh-seh-len-teh)* . . . . excellent _____
☐ **existir** *(eh-sis-tir)* . . . . to exist _____
☐ **la expresión** *(es-preh-see-ohn)* . . . . expression _____
☐ **el extremo** *(es-treh-moh)* . . . . extreme _____

20

There are **tres partes** to each **día en español.**
day

morning = **la mañana** *(mahn-yah-nah)*	
afternoon = **la tarde** *(tar-deh)*	
evening/night = **la noche** *(noh-cheh)*	*la noche*

Notice that **mañana** means both morning **y** tomorrow **en español.** Also notice below

that the day of the week is followed by **por.** *(pohr)* So, if you want to say tomorrow morning,
                                                   in

you have to say **mañana por** *(pohr)* **la mañana! Ahora,** fill in the following blanks **y** then check
                       in

your answers at the bottom of **la página.**

a.	Sunday morning	= *domingo por la mañana*
b.	Friday evening	=
c.	Saturday evening	=
d.	Monday morning	=
e.	Wednesday morning	=
f.	Tuesday afternoon	=
g.	Thursday afternoon	=
h.	Thursday night	=
i.	yesterday evening	=
j.	this afternoon (today)	= *hoy por la tarde*
k.	this morning	=
l.	tomorrow afternoon	=
m.	tomorrow evening	=

ANSWERS

a. domingo por la mañana
b. viernes por la noche
c. sábado por la noche
d. lunes por la mañana
e. miércoles por la mañana
f. martes por la tarde
g. jueves por la tarde
h. jueves por la noche
i. ayer por la noche
j. hoy por la tarde
k. hoy por la mañana
l. mañana por la tarde
m. mañana por la noche

So, **con** merely **diez palabras** (plus "**por la**") you can specify any **día** *(dee-ah)* of the **semana** *(seh-mah-nah)* **y** any

time of the **día**. **Las palabras hoy, mañana y ayer** will be **muy importante** *(mwee) (eem-por-tahn-teh)* for you in

making **reservaciones** *(reh-sair-vah-cee-oh-nes)* **y** appointments, in getting **billetes** for **el teatro** *(teh-ah-troh)* **y** for many

things you will wish to do. You can use the **partes** *(par-tes)* of the **día** for greetings **en español,**

too. Practice these every day **ahora** until your trip.

good day (hello)	=	**buen día** *(bwen)*
good morning	=	**buenos días** *(bweh-nos)*
good afternoon	=	**buenas tardes** *(bweh-nahs)*
good night	=	**buenas noches**

buen día

Take the next **cuatro** labels **y** stick them on the appropriate **cosas** *(koh-sas)* (things) in your **casa**. How

about the bathroom mirror for **"buenos días"?** **O** your desk for **"buenas tardes"?**

O the alarm clock for **"buenas noches"?** **O** your kitchen cabinet for **"buen día"?**

Remember that whenever you enter small shops **y** stores **en Méjico,** you will hear the

appropriate greeting for the time of day. Don't be surprised. **Es** a **muy** *(mwee)* friendly **y** warm

custom. Everyone greets everyone **y** you should too, if you really want to enjoy **Méjico!**

You **ésta** (are) about one-fourth of your way through **el libro y es una buena** *(bweh-nah)* (good) time to quickly

review **las palabras** you have learned before doing the crossword puzzle on the next

página. Have fun and **buena suerte!** *(soo-air-teh)* (luck) **O como** *(koh-moh)* (like) we say **en inglés,** lots of luck!

ANSWERS TO CROSSWORD PUZZLE

ACROSS

4. día
5. bicicleta
11. ayer
13. alfombra
14. activo
16. marrón
17. cama
19. doctor
23. abril
24. correcto
25. hoy
28. sábado
29. anterior
32. decente
34. cuestión
36. porqué
38. si
39. lunes
41. correo
42. pared
44. casa
46. forma
47. nosotros
50. familia
51. trece
52. billete
54. mesa
56. quiero
57. acto
58. noche

DOWN

1. mañana
2. calma
3. uno
6. civilización
7. estado
8. carácter
9. tengo
10. lámpara
12. yo
15. timbre
18. peso
19. decisión
20. ocho
21. rosado
22. cocina
26. balcón
30. tres
31. perro
32. de
33. cero
35. silla
37. quién
40. eso
42. papel
43. domingo
45. seis
46. foto
48. treinta
49. causa
53. exacto
55. si
56. qué

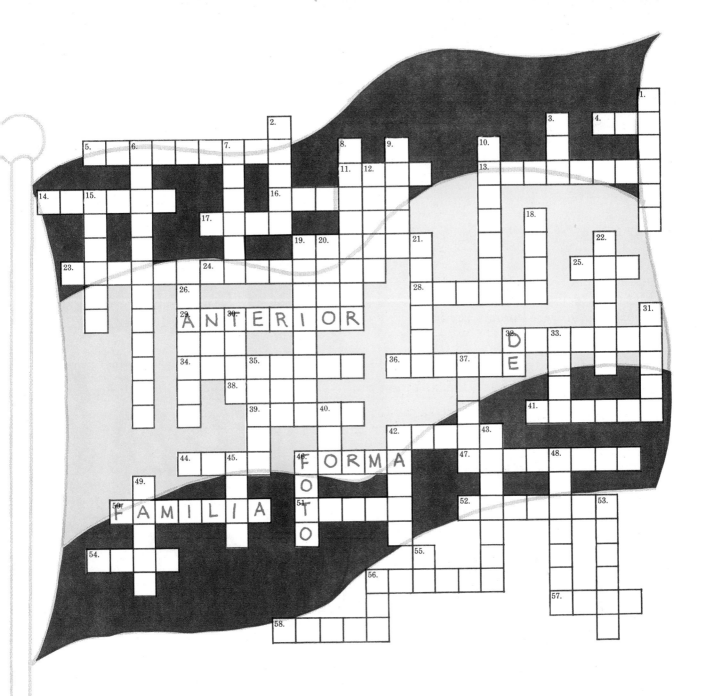

ANTERIOR
DE
FORMA
FOTO
FAMILIA

ACROSS

4. day
5. bicycle
11. yesterday
13. rug
14. active
16. brown
17. bed
19. doctor
23. April
24. correct
25. today
28. Saturday
29. front, earlier
32. decent
34. question
36. why
38. yes
39. Monday
41. mail
42. wall
44. house
46. form
47. we
50. family
51. thirteen
52. bill, ticket
54. table
56. (I) would like
57. act
58. night

DOWN

1. morning
2. calm
3. one
6. civilization
7. state
8. character
9. (I) have
10. lamp
12. I
15. doorbell
18. Mexican bill
19. decision
20. eight
21. pink
22. kitchen
26. balcony
30. three
31. dog
32. of
33. zero
35. chair
37. who
40. that
42. paper
43. Sunday
45. six
46. photograph
48. thirty
49. cause
53. exact
55. yes
56. what

23

Step 8

(en) *(deh)* *(soh-breh)*
En, De, Sobre
in   from   on top of

Prepositions **en español** (words like "in," "through," "next to") **son** *(sohn)* easy to learn **y** they
(are)
allow you to be **preciso con** a **mínimo** of effort. Instead of having to point **cuatro** times
(preh-see-soh) *(mee-nee-moh)*
precise   minimum
at a piece of yummy pastry you wish to order, you can explain precisely which one you
want by saying **es** behind, in front of, next to, **o** under the piece of pastry which the
it is
salesperson is starting to pick up. Let's learn some of these little **palabras.** Study the
examples below.

(ah) **a** = to, at	*(en)* **en** = into, in	*(soh-breh)* **sobre** = on top of, above
(deh) **de** = of, from	*(ahl)(lah-doh)* **al lado de** = next to	*(deh-bah-hoh)* **debajo de** = under, below

El hombre anda al hotel.
(ahn-dah)(ahl)
walks   to the

La pintura roja está <u>sobre</u> la mesa.
above

La pintura roja está <u>al lado del</u> reloj.

El hombre entra en el hotel.
(en-trah)
enters   into

La mesa marrón está <u>debajo de</u> la pintura.
below

El perro negro está <u>al lado de</u> la mesa.

El doctor está en el hotel.
is   in

El reloj verde está <u>sobre</u> la mesa.

La mujer viene del hotel.
(vee-eh-neh) (del)
comes   to the

El reloj verde está <u>al lado de</u> la pintura.

* Remember that **a** and **de** combine with **el** to form **al** and **del.**

☐ **la fama** *(fah-mah)* .... fame
☐ **la familia** *(fah-mee-lee-ah)* .... family
☐ **famoso** *(fah-moh-soh)* .... famous
☐ **favor** *(fah-vor)* .... favor
—**(por favor)** = for a favor .... please

24

Fill in the blanks below **con** the preposition **correcta** *(koh-rrek-tah)* according to the **pinturas** on the previous **página**.

El hombre entra _en_ el hotel **bueno.** *(bweh-noh)*
good

El perro negro está _____ la mesa.

El reloj verde está _____ la mesa.

La pintura nueva está _____ el reloj.

El reloj verde está _____ la pintura.

El hombre anda _____ el hotel.

La mesa marrón está _____ la pintura.

La mujer viene _____ el hotel **nuevo.** *(nweh-voh)*
new

La pintura nueva está _____ la mesa.

El doctor está _____ el hotel bueno.

Ahora, answer these questions based on the **pinturas** on the previous **página**.

¿Dónde está el doctor? _____

¿Dónde está el perro? _____

¿Dónde está la mesa? _____

¿Dónde está la pintura? _____

¿Qué hace la mujer? *(ah-seh)* _____
does

¿Qué hace el hombre? _____

¿Es el reloj verde? _Sí, el reloj es verde._

¿Es el hotel nuevo? _Sí,_ _____

☐ **la ficción** *(feek-see-ohn)* .... fiction _____
☐ **la figura** *(fee-goo-rah)* .... figure _____
☐ **final** *(fee-nal)* .... final _____
☐ **la forma** *(for-mah)* .... form _____
☐ **la fortuna** *(for-too-nah)* .... fortune _____

25

Ahora for some more **práctica con** prepositions **españolas**!
(prahk-tee-kah)
practice

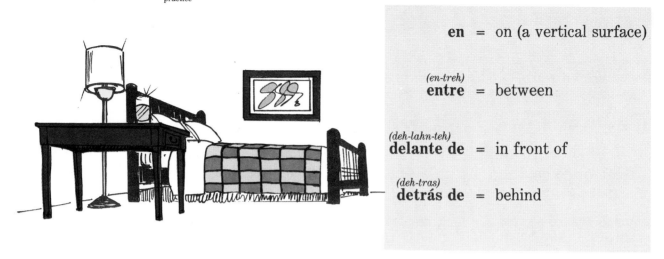

en = on (a vertical surface)

(en-treh)
entre = between

(deh-lahn-teh)
delante de = in front of

(deh-tras)
detrás de = behind

La pintura multicolor está <u>en</u> la pared.

La pintura está _ℯℕ_ la pared.

La lámpara amarilla está <u>detrás de</u> la mesa.

La lámpara está _____ la mesa.

La mesa marrón está <u>delante de</u> la cama.

La mesa está _____ la cama.

La cama está <u>detrás de</u> la mesa.

La cama está _____ la mesa.

La lámpara está <u>entre</u> la mesa y la cama.

La lámpara está _____ la mesa y la cama.

Answer the following questions, based on the **pinturas,** by filling in the blanks **con** the prepositions **correctas.** Choose the prepositions from those you have just learned.

¿Dónde está el libro rojo?

El libro rojo está _____ la mesa.

¿Dónde está el autobús azul?

El autobús azul está _____ el hotel.

☐ **el foto** *(foh-toh)* . . . . photograph
☐ **frecuente** *(freh-koo-en-teh)* . . . . frequent
☐ **la fruta** *(froo-tah)* . . . . fruit
☐ **el fugitivo** *(foo-hee-tee-voh)* . . . . fugitive
☐ **el futuro** *(foo-too-rah)* . . . . future

_____
_____
_____
_____
_____

¿Dónde está el teléfono gris? ¿Dónde está la alfombra verde? ¿Dónde está la pintura?

El teléfono gris está ___*en*___ la pared blanca.

El teléfono gris está _____ la mesa negra.

La mesa negra está _____ el **rincón.**
(reen-kon)
corner

La alfombra verde está _____ la mesa negra.

La pintura multicolor está _____ el teléfono gris.

Ahora, fill in the blanks on the **hotel** below **con** the best preposition **posible.** The
(poh-see-bleh)
possible
correct answers **están** at the bottom of the **página.**

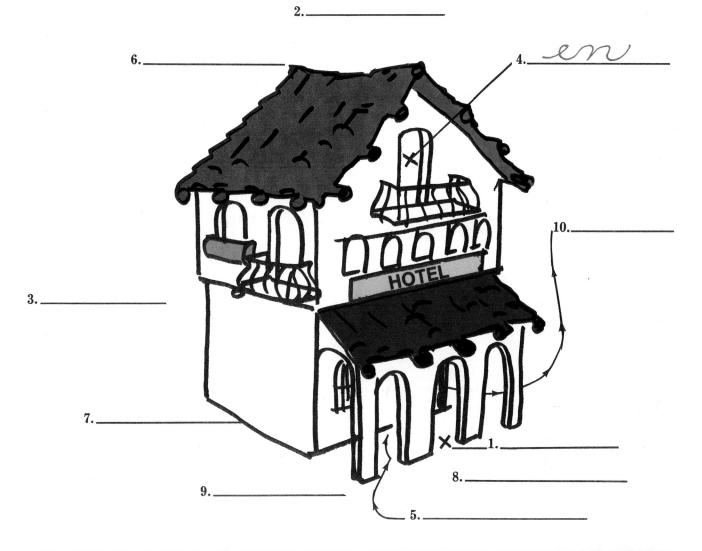

2. _____

6. _____

4. *en*

10. _____

3. _____

7. _____

HOTEL

1. _____

8. _____

9. _____

5. _____

ANSWERS				
10. de	8. delante de	6. en	4. en	2. sobre
9. debajo de	7. al lado de	5. a	3. detrás de	1. entre

27

(eh-neh-roh)	*(feh-breh-roh)*	*(mar-soh)*
Enero,	**Febrero,**	**Marzo**
January,	February,	March

(tee-eh-neh) *(sep-tee-em-breh)* *(ah-breel)* *(hoo-nee-oh)* *(noh-vee-em-breh)*
Treinta días tiene   septiembre, abril, junio y noviembre . . .
has

(seh-mah-nah) *(tee-em-poh)*
Sound familiar? You have learned the **días de la semana,** so now **es tiempo** to learn the
it is   time

(meh-ses) *(ahn-yoh)* *(dee-feh-ren-teh)*
meses del año y all the **diferente** kinds of **tiempo** (yes, **tiempo** means both time and
months   of the year   different   weather

(pohr) *(eh-hem-ploh)*
weather). **Por ejemplo,** you ask about **el tiempo en español** just as you would **en**
for   example   weather

inglés — **"¿Que tiempo hace hoy?"** Practice all the possible answers to this question
what   weather   makes   today

(loo-eh-goh)
y luego write the following answers in the blanks below.
then

¿Que tiempo hace hoy?

(yoo-eh-veh)
Llueve hoy. _____
rains

(nee-eh-vah)
Nieva hoy. _____
snows

(ah-seh) (kah-lor)
Hace calor hoy. _____
makes   heat = it is hot

(ah-seh) (free-oh)
Hace frío hoy. _____*Hace frío hoy.*_____
makes   cold = it is cold

(bwen)
Hace buen tiempo hoy. _____
makes   good

(mahl)
Hace mal tiempo hoy. _____
bad

(ah-ee) (nee-eh-blah)
Hay niebla hoy. _____
there is   fog

(ah-ee) (vee-en-toh)
Hay viento hoy. _____
there is   wind

(loo-eh-goh)
Ahora, practice the **palabras** on the next **página** aloud **y luego** fill in the blanks with the
then

(meh-ses)
names of the **meses y** the appropriate weather report.
months

☐ **la gasolina** *(gah-soh-lee-nah)* . . . . gas   _____
☐ **la gloria** *(gloh-ree-ah)* . . . . glory   _____
☐ **grave** *(grah-veh)* . . . . grave, serious   _____
☐ **el grupo** *(groo-poh)* . . . . group   _____
28 ☐ **guardar** *(goo-ar-dar)* . . . . to guard   _____

(eh-neh-roh)
en enero _____

(nee-eh-vah)
Nieva en enero. _____
snows

(feh-breh-roh)
en febrero _____

(tam-bee-en)
Nieva también en febrero. _____
also

(mar-soh)
en marzo _____

(yoo-eh-veh)
Llueve en marzo. _____
rains

(ah-breel)
en abril _en abril_

Llueve también en abril. _____
also

(mah-yoh)
en mayo _____

(ah-ee) *(vee-en-toh)*
Hay viento en mayo. _____
there is wind

(hoo-nee-oh)
en junio _____

Hay viento también en junio. _____

(hoo-lee-oh)
en julio _____

(ah-seh) *(kah-lor)*
Hace calor en julio. _Hace calor en julio._
makes heat

(ah-gos-toh)
en agosto _____

Hace calor también en agosto. _____

(sep-tee-em-breh)
en septiembre _____

(bwen) *(tee-em-poh)*
Hace buen tiempo en septiembre. _____

(ok-too-breh)
en octubre _____

(nee-eh-blah)
Hay niebla en octubre. _____
there is fog

(noh-vee-em-breh)
en noviembre _____

(free-oh)
Hace frío en noviembre. _____
makes cold

(dee-see-em-breh)
en diciembre _____

Hace mal tiempo en diciembre. _____
makes bad

Ahora, answer the following questions based on the **pinturas** to the right.

¿Que tiempo hace en febrero? _____

¿Que tiempo hace en abril? _____

¿Que tiempo hace en mayo? _____

¿Que tiempo hace en agosto? _____

¿Hace el tiempo hoy bueno o malo? _____

☐ **habitual** *(ah-bee-too-al)* .... habitual
☐ **la historia** *(ees-toh-ree-ah)* .... history
☐ **honesto** *(oh-nes-toh)* .... honest
☐ **el honor** *(oh-nor)* .... honor
☐ **el humor** *(oo-mor)* .... humor

_____
_____
_____
_____

29

Ahora for the seasons **del año . . .**
(ahn-yoh)
of the / year

(een-vee-air-noh)
el invierno
winter

(veh-rah-noh)
el verano
summer

(oh-ton-yoh)
el otoño
autumn

(pree-mah-veh-rah)
la primavera
spring

el invierno _____ _____ _____

**Hace frío en
el invierno.**

**Hace calor en
el verano.**

**Hay viento en
el otoño.**

(yoo-eh-veh)
**Llueve en
la primavera.**

At this point, **es una buena idea** to familiarize yourself **con las temperaturas europeas.**
(bwen-ah) (ee-deh-ah) — *(tem-peh-rah-too-ras) (eh-oo-roh-peh-as)*
temperatures / European

Carefully read the typical weather forecasts below **y** study the **termómetro** because
(tair-moh-meh-troh)
thermometer

temperaturas en Europa are calculated on the basis of Centigrade (not Fahrenheit).
(eh-oo-roh-pah)

Fahrenheit	**Centígrado** *(sen-tee-grah-doh)* Centigrade

212° F —— 100° C   *(ee-air-veh)* **agua hierve**
water / boils

98.6° F —— 37° C   **temperatura normal de personas**

68° F —— 20° C

32° F —— 0° C   *(seen)(sahl)(ee-eh-lah)* **agua sin sal hiela**
without salt freezes

0° F —— -17.8° C   **agua con sal hiela**
with salt freezes

-10° F —— -23.3° C

El tiempo para el lunes, 21 de marzo:
(pah-rah)
for

frío y con viento

temperatura: 5 grados
(grah-dos)
degrees

El tiempo para el martes, 18 de julio:

hace calor

temperatura: 24 grados

☐ **la idea** *(ee-deh-ah)* . . . . idea _____
☐ **la imaginación** *(ee-mah-hee-nah-see-ohn)* imagination _____
☐ **la importancia** *(eem-por-tan-see-ah)* . . . . importance _____
☐ **imposible** *(eem-poh-see-bleh)* . . . . impossible _____
☐ **incorrecto** *(een-koh-rrek-toh)* . . . . incorrect _____

30

(me)   *(soo)*
Mi casa es su casa!
my   home   is   your   home

En Méjico, not just the parents, but also the grandparents, aunts, uncles and cousins
are all considered as close family, so let's take a look at the **palabras** for them. Study
the family tree below **y luego** write out **las palabras nuevas** *(nweh-vahs)* **en** the blanks which
new
follow. Notice that all men bear the mother's maiden name behind the father's last name,
although only the father's last name is used in addressing the person.

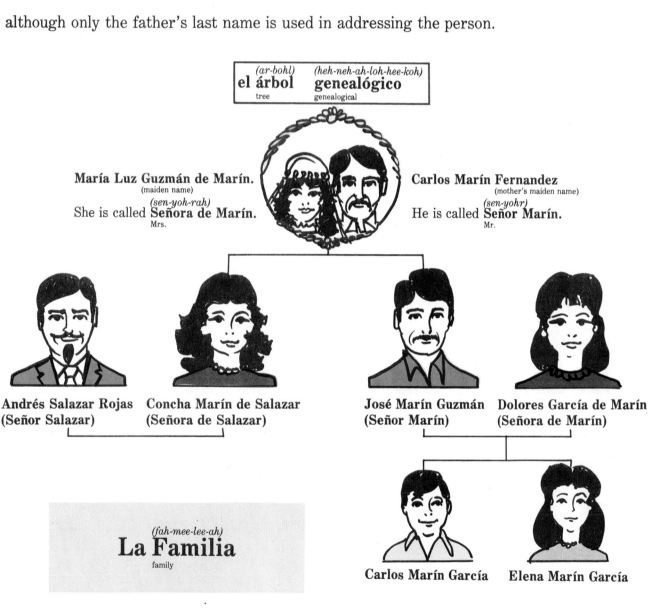

(ar-bohl)   *(heh-neh-ah-loh-hee-koh)*
el árbol   **genealógico**
tree   genealogical

María Luz Guzmán de Marín.
(maiden name)
(sen-yoh-rah)
She is called **Señora de Marín.**
Mrs.

Carlos Marín Fernandez
(mother's maiden name)
(sen-yohr)
He is called **Señor Marín.**
Mr.

Andrés Salazar Rojas
(Señor Salazar)

Concha Marín de Salazar
(Señora de Salazar)

José Marín Guzmán
(Señor Marín)

Dolores García de Marín
(Señora de Marín)

(fah-mee-lee-ah)
La Familia
family

Carlos Marín García   **Elena Marín García**

☐ **la influencia** *(een-floo-en-see-ah)* . . . . influence   _____
☐ **la información** *(een-for-mah-see-ohn)* . . . information   _____
☐ **inglés** *(een-gles)* . . . . English   _____
☐ **la instrucción** *(een-strook-see-ohn)* . . . . instruction   _____
☐ **el instrumento** *(een-stroo-men-toh)* . . . . . instrument   _____

los abuelos *(ah-bweh-los)*
grandparents

los padres *(pah-drehs)*
parents

(ah-bweh-loh)
el abuelo _el abuelo_
grandfather

(pah-dreh)
el padre _____
father

(ah-bweh-lah)
la abuela _____
grandmother

(mah-dreh)
la madre _____
mother

los niños *(neen-yos)*
children

los parientes *(pah-ree-en-tes)*
relatives

(ee-hoh)
el hijo _____
son

(tee-oh)
el tío _____
uncle

(ee-hah)
la hija _____
daughter

(tee-ah)
la tía _____
aunt

¡El hijo y la hija son también hermano y hermana!
(air-mah-noh) brother   *(air-mah-nah)* sister

Let's learn how to identify **la familia** *(fah-mee-lee-ah)* by **nombre** *(nohm-breh)* name. Study the following examples.

¿Cuál es el nombre del padre? *(kwahl)* what   name   *(de + el)* of the father

El nombre del padre es _José_ .
of the

¿Cuál es el nombre de la madre? *(kwahl)* what   name   mother

El nombre de la madre es _Dolores_ .

Ahora you fill in the following blanks, based on the **pinturas,** in the same manner.

¿Cuál es el nombre

del _hijo_ ?

_____ **es** _____ .

¿Cuál es el nombre

de la _hija_ ?

_____ **es** _Elena_ .

☐ **la inteligencia** *(een-teh-lee-hen-see-ah)* .. intelligence
☐ **la intención** *(een-ten-see-ohn)* .... intention
☐ **interesante** *(een-teh-reh-sahn-teh)* ...... interesting
☐ **el interior** *(een-teh-ree-or)* .... interior
☐ **invitar** *(een-vee-tar)* .... to invite

_____
_____
_____
_____
_____

32

(koh-see-nah)
La Cocina
kitchen

Study all these **pinturas y luego practica** *(prahk-tee-kah)*
practice

saying **y** writing out **las palabras.**

Esto es la cocina.

(reh-free-heh-rah-dohr)
el refrigerador

_____

(or-noh)
el horno

_____

(vee-noh)
el vino

_____

(sair-veh-sah)
la cerveza

_____

(leh-cheh)
la leche
milk

_____

(mahn-teh-kee-yah)
la mantequilla
butter

_____

Answer these questions aloud.

¿Dónde está la cerveza? . . . . *(reh-free-heh-rah-dohr)* **La cerveza está en el refrigerador.**

¿Dónde está la leche?   **¿Dónde está el vino?**   *(mahn-teh-kee-yah)* **¿Dónde está la mantequilla?**

☐ **la justicia** *(hoos-tee-see-ah)* . . . . justice
☐ **juvenil** *(hoo-veh-neel)* . . . . juvenile
☐ **el julio** *(hoo-lee-oh)* . . . . July
☐ **el junio** *(hoo-nee-oh)* . . . . June
☐ **el kilómetro** *(kee-loh-meh-troh)* . . . . kilometer

_____
_____
_____
_____
_____

33

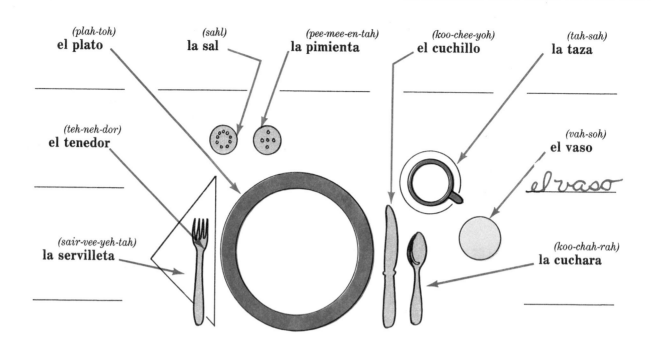

(plah-toh)
el plato

(sahl)
la sal

(pee-mee-en-tah)
la pimienta

(koo-chee-yoh)
el cuchillo

(tah-sah)
la taza

(teh-neh-dor)
el tenedor

(vah-soh)
el vaso

el vaso

(sair-vee-yeh-tah)
la servilleta

(koo-chah-rah)
la cuchara

(ar-mah-ree-oh)
el armario
cupboard

(pahn)
el pan
bread

(teh)
el té

(kah-feh)
el café

el pan

¿Dónde está el pan? El pan está en el *(ar-mah-ree-oh)* **armario. ¿Dónde está el té? ¿Dónde está el**

café? Ahora, *(ah-breh)* **abre** your **libro** to the **página con** the labels **y** remove the next **diecinueve**
open

labels **y** proceed to label all these **cosas** in your **cocina.** Do not forget to use every

(oh-pohr-too-nee-dahd)
oportunidad to say these **palabras** out loud. **Es muy importante.**
opportunity   it is   very

34

La Iglesia
(ee-gleh-see-ah)
church

En Méjico, there is not the wide **variedad** *(vah-ree-eh-dahd)* of **religiones** *(reh-lee-hee-oh-nes)* that **nosotros** find **aquí en** *(ah-kee)*

América. A person's **religión** is usually one of the following.

1. **católico** _católico_ *(kah-toh-lee-koh)*
   Catholic

2. **protestante** _____ *(proh-tes-tahn-teh)*
   Protestant

3. **judío** _____ *(hoo-dee-oh)*
   Jewish

Aquí está una iglesia mejicana. *(meh-hee-kah-nah)* _____
Mexican

¿Es una iglesia católica o protestante?
is it

¿Es una iglesia nueva? No, es una iglesia

muy vieja. *(vee-eh-hah)* You will see many

iglesias bonitas *(boh-nee-tahs)* like this during your holiday.
pretty

I am =	**yo soy** *(yoh) (soy)*
I am =	**yo estoy** *(es-toy)*

Ahora let's learn how to say "I am" **en español:**

Confusing? Not really. Learn both of them **y** use the one that is most comfortable for you.
and

Practice saying both phrases **con** the following **palabras. Ahora** write each sentence for

more practice.

Yo soy católico. _____   **Yo soy protestante.** _____

Yo soy judío. _Yo soy judío._   **Yo soy americano.** _____

Yo estoy en Europa. _____   **Yo estoy en Méjico.** _____

☐ **la limonada** *(lee-moh-nah-dah)*	lemonade	_____
☐ **el limón** *(lee-mohn)*	lemon	_____
☐ **la lista** *(lees-tah)*	list	_____
☐ **el litro** *(lee-troh)*	liter	_____
☐ **local** *(loh-kahl)*	local	_____

35

Yo estoy en la iglesia. _____   Yo estoy en la cocina. _____

Yo soy la madre. _____   Yo soy el padre. *Yo soy el padre.*

Yo estoy en el hotel. _____   Yo estoy en el restaurante. _____

Yo soy un hombre. _____   Yo soy una mujer. _____

Ahora identify all **las personas en la pintura** debajo *(deh-bah-hoh)* by writing **la palabra española** below

correcta for each **persona** on the line with the corresponding **número debajo de la**

pintura.

1. _____   2. _____

3. _____   4. _____

5. *el tío* _____   6. _____

7. _____

☐ **mágico** *(mah-hee-koh)* . . . . magic   _____
☐ **las matemáticas** *(mah-teh-mah-tee-kahs)* . . . mathematics   _____
☐ **el mapa** *(mah-pah)* . . . . map   _____
☐ **la marca** *(mar-kah)* . . . . mark   _____
☐ **el marzo** *(mar-soh)* . . . . March   _____

You have already used the verbs **tener y querer, viene, andar, soy, estoy, y entrar.**

Although you might be able to "get by" **con** these verbs, let's assume you want to do

(meh-hor)
mejor than that. First, a quick review.
better

How do you say ⬛ **"I"** **en español?** *yo* How do you say ⬛ **"we"** **en español?** _____

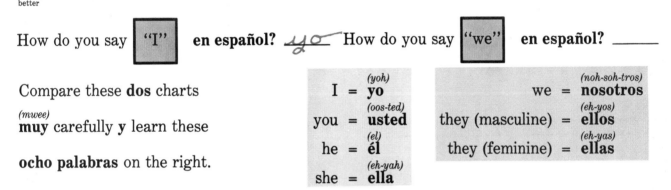

Compare these **dos** charts

(mwee)
muy carefully **y** learn these

ocho palabras on the right.

I = **yo** *(yoh)*	we = **nosotros** *(noh-soh-tros)*
you = **usted** *(oos-ted)*	they (masculine) = **ellos** *(eh-yos)*
he = **él** *(el)*	they (feminine) = **ellas** *(eh-yas)*
she = **ella** *(eh-yah)*	

Ahora draw lines between the matching **palabras inglesas y españolas** below to see if you

can keep these **palabras** straight in your mind.

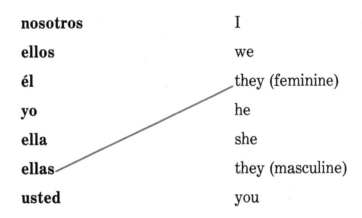

nosotros	I
ellos	we
él	they (feminine)
yo	he
ella	she
ellas	they (masculine)
usted	you

Ahora close **el libro y** write out both columns of the above practice on **un pedazo** *(peh-dah-zoh)* piece

(pah-pel)
de papel. How did **usted** do? **¿Bien o mal? ¿Bien o no tan bien?** **Ahora** that **usted**
paper   well   badly   not so *(tahn)*

know these **palabras, usted** can say almost anything **en español** with one basic formula:

the "plug-in" formula. With this formula, you can correctly use any **palabras usted** wish.

☐ **masculino** *(mas-koo-lee-noh)* .... masculine	_____
☐ **el medio** *(meh-dee-oh)* .... middle	_____
☐ **el matrimonio** *(mah-tree-moh-nee-oh)* ... matrimony	_____
☐ **el mayo** *(mah-yoh)* .... May	_____
☐ **mecánico** *(meh-kah-nee-koh)* .... mechanical	_____

37

To demonstrate, let's take **seis** *(sehs)* basic **y** practical verbs **y** see how the "plug-in" formula works.

Write **los verbos** *(vair-bos)* **en** the blanks **debajo** after **usted** have practiced saying them.

verbs   below

necesitar *(neh-seh-see-tar)* = to need   **andar** *(ahn-dar)* = to walk/to go   **aprender** *(ah-pren-dair)* = to learn

_____   *andar*   _____

venir *(veh-neer)* = to come   **tener** *(teh-nair)* = to have   **querer** *(keh-rair)* = to want/would like

_____   _____   _____

Study the following verb patterns carefully.

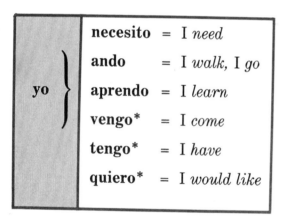

yo		
	necesito	= I *need*
	ando	= I *walk,* I *go*
	aprendo	= I *learn*
	vengo*	= I *come*
	tengo*	= I *have*
	quiero*	= I *would like*

nosotros		
	necesitamos	= we *need*
	andamos	= we *walk,* we *go*
	aprendemos	= we *learn*
	venimos	= we *come*
	tenemos	= we *have*
	queremos	= we *would like*

Note: • First, drop the final "ar," "er" or "ir" from the basic verb form.

     • With **yo,** then add "o" to the basic verb form.

      I

     • With **nosotros,** add the vowel of the original ending plus "mos."

      we

*Some **verbos** just will not conform to the rules! But don't worry . . . you will be perfectly

understood whether you say **yo veno** for **vengo, o yo quero** for **quiero.** Spanish speakers

will be delighted that you have taken the time to learn their language.

☐ **la medicina** *(meh-dee-see-nah)* . . . . medicine   _____
☐ **la melodía** *(meh-loh-dee-ah)* . . . . melody   _____
☐ **el mediterráneo** *(meh-dee-teh-rrah-neh-oh)* . . . Mediterranean   _____
☐ **Méjico** *(meh-hee-koh)* . . . . Mexico   _____
38 ☐ **metropolitano** *(meh-troh-poh-lee-tah-noh)* . . . metropolitan   _____

The only other **cambio** *(kahm-bee-oh)* is the following.
change

usted él ella	necesita = you, he, she, it *need(s)*	viene = you, he, she, it *come(s)*
	anda = you, he, she, it *walk(s)*	tiene = you, he, she, it *have/has*
	aprende = you, he, she, it *learn(s)*	quiere = you, he, she, it *would like*

Note:

- Again drop the final "ar," "er" or "ir" from the basic verb form.

- With **usted, él o ella,** add "a" if the original ending was "ar," and "e" if the original ending was "er" or "ir."

Ahora fill in the blanks **con** the **formas correctas** of the following **verbos.** Note that, in
forms
some instances, the **verbos** are slightly irregular, so make sure **también** *(tam-bee-en)* to say each
also
palabra out loud. **Ahora** is a perfect time to turn to the back of **el libro,** clip out the verb
flash cards **y** start flashing.

aprender

Yo *aprendo/* _____ español.

Usted _____ inglés.

Él *aprende/* _____ alemán. *(ah-leh-mahn)*
Ella German

Nosotros _____ español.

Ellos *aprenden/* _____ alemán.
Ellas

venir

Yo *vengo/* _____ de América. *(deh)*

Usted *viene/* _____ de Italia. *(ee-tah-lee-ah)*

El _____ de Méjico.
Ella

Nosotros *venimos/* _____ de América.

Ellos *vienen/* _____ de Méjico.
Ellas

☐ **el menú** *(meh-noo)*	menu	_____
☐ **el ministro** *(mee-nees-troh)*	minister (government)	_____
☐ **el metro** *(meh-troh)*	meter	_____
☐ **el minuto** *(mee-noo-toh)*	minute	_____
☐ **moderno** *(moh-dair-noh)*	modern	_____

39

andar

Yo _ando/_ **al hotel.** (a+el)
to the

Usted _anda/_ **al hotel.**

Él
Ella _____ **al hotel.**

Nosotros _____ **al hotel.**

Ellos _andan/_ **al hotel.**
Ellas

necesitar

Yo _necesito/_ **un cuarto.**

Usted _____ **un cuarto.**

Él
Ella _____ **un cuarto.**

Nosotros _____ **un cuarto.**

Ellas _____ **un cuarto.**
Ellas

tener

Yo _tengo/_ **cinco pesos.**

Usted _____ **seis pesos.**

Él _tiene/_ **diez pesos.**
Ella

Nosotros _tenemos/_ **dos pesos.**

Ellos _tienen/_ **tres pesos.**
Ellas

querer

Yo _quiero/_ **un vaso de vino.**

Usted _____ **un vaso de vino blanco.**

Él _quiere/_ **un vaso de vino tinto.** (teen-toh)
Ella "tinted" = red

Nosotros _queremos/_ **un vaso de agua.**

Ellos _quieren/_ **un vaso de leche.**
Ellas milk

¡Aquí están seis verbos más! (mahs)
more

(kohm-prar)
comprar = to buy

comprar

(ah-blar)
hablar = to speak

_____

(vee-veer)
vivir = to live

_____

(peh-deer)
pedir = to order/to request

_____

(en-trar)
entrar = to enter

_____

(keh-dar)
quedar = to stay/to remain

_____

☐ **el momento** (moh-men-toh) .... moment
☐ **la monarquía** (moh-nar-kee-ah) .... monarchy
☐ **la montaña** (mohn-tahn-yah) .... mountain
☐ **el monasterio** (moh-nahs-teh-ree-oh) .... monastery
☐ **la música** (moo-see-kah) .... music

40

Ahora, fill in the following blanks **con** the **forma correcta** of each **verbo.** Be sure to say
each sentence out loud until **usted tiene eso** down pat!
have

entrar

Yo _entro_ en el hotel.

Usted _____ en el restaurante.

Él _entra_ en el banco.
Ella

Nosotros _____ en el automóvil.

Ellos_____ en el cuatro.
Ellas

comprar

Yo _____ un libro.

Usted _____ un reloj.

Él _compra_ una ensalada.
Ella

Nosotros _____ un automóvil.

Ellos_____ un billete de teatro.
Ellas

hablar

Yo _____ español.

Usted _____ *(hah-poh-nes)* japonés.

Él _____ *(ee-tah-lee-ah-noh)* italiano.
Ella

Nosotros _____ inglés.

Ellos _hablan_ español.
Ellas

vivir

Yo _____ en Méjico.

Usted _____ en América.

Él _____ en un hotel.
Ella

Nosotros _vivimos_ en Europa.

Ellos_____ en Buenos Aires.
Ellas

pedir

Yo _pido_ un vaso de agua.

Usted _pide_ un vaso de vino.

Él _pide_ una taza de té.
Ella

Nosotros _pedimos_ una taza de café.

Ellos _piden_ dos vasos de cerveza.
Ellas

quedar

Yo _____ *(ah-oon)* aún cinco días.
still

Usted _____ aún tres días.

Él _____ aún seis días.
Ella

Nosotros _____ aún siete días.

Ellos_____ aún dos semanas.
Ellas

☐ **la nación** *(nah-see-ohn)* . . . . nation _____
☐ **no** *(noh)* . . . . no, not _____
☐ **natural** *(nah-too-ral)* . . . . natural _____
☐ **necesario** *(neh-seh-sah-ree-oh)* . . . . necessary _____
☐ **el negro** *(neh-groh)* . . . . Negro _____

Ahora see if **usted** can fill in the blanks below. The correct answers **están** at the bottom of the **página.**

1. I speak Spanish. _____

2. He comes from America. *El viene de América.*

3. We learn Spanish. _____

4. They have 10 pesos. _____

5. She would like a glass of water. _____

6. We need a room. _____

7. I enter the restaurant. _____

8. I live in America. _____

9. You are buying a book. _____

10. He orders a beer. _____

In the following Steps, **usted** will be introduced to more **y** more **verbos y** should drill them in exactly the same way as **usted** did in this section. Look up **palabras nuevas** in your

(deek-see-oh-nah-ree-oh)
diccionario y make up your own sentences using the same type of pattern. Remember, the
dictionary

more **usted** practice **ahora,** the more enjoyable your trip will be. ¡Buena suerte!

Be sure to check off your free **palabras** in the box provided as **usted aprende**

each one.

ANSWERS

1. **Yo hablo español.**
2. **El viene de América.**
3. **Nosotros aprendemos español.**
4. **Ellos/ellas tienen diez pesos.**
5. **Ella quiere un vaso de agua.**
6. **Nosotros necesitamos un cuarto.**
7. **Yo entro en el restaurante.**
8. **Yo vivo en América.**
9. **Usted compra un libro.**
10. **El pide una cerveza.**

(mee-noo-tos)
Los Minutos
minutes

Usted know how to tell **los días de la semana y los meses del año,** so **ahora** let's learn
                                                            months   of the
to tell time. **Aquí están** "the basics."

What time is it? =	*(oh-rah)* **¿Qué hora es?** hour is it **¿Qué hora tiene usted?** have you

minus	=	*(meh-nos)* **menos**
half (past)	=	*(meh-dee-ah)* **y media**

Son las cinco.
it is   5 o'clock

Son las cuatro y media.
                four

Es la una.
it is

Son las dos y media.

Son las ocho y veinte.   (eight o'clock plus 20)

Son las ocho menos veinte.   (eight o'clock minus 20)

Ahora fill in the blanks according to the *(tee-em-poh)* **tiempo** indicated on the *(reh-loh)* **reloj.** The answers
                                                              time   clock
están below.

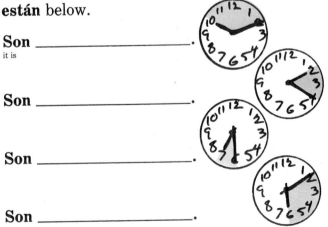

Son _____.
it is

Es _____.
it is

Son _____.

Son *las cuatro*

Son _____.

Son _____.

Son _____.

Son _____.

ANSWERS

Son las seis menos diez.
Son las doce y dieciocho.
Son las cuatro.
Es la una y media.

Son las seis y diez.
Son las siete y media.
Son las dos y veinte.
Son las diez y diez.

Aquí están more time-telling **palabras** to add to your **palabra** power.

(kwar-toh)
un cuarto = a quarter
(as well as a room!)

menos cuarto = a quarter before

y cuarto = a quarter after

 **Son las dos y cuarto.**

Son las cinco y cuarto.

Son las dos menos cuarto.

Son las cinco menos cuarto.

Ahora es your turn.

Son *las tres y cuarto* .

Son _____ .

Son _____ .

Son _____ .

See how **importante** learning **los números es?** **Ahora** answer the following **preguntas** *(preh-goon-tas)* questions

based on the **relojes** below. The answers **están** at the bottom of the **página**.

2

1

¿Qué hora es?

3

1. *Son las seis.*

2. _____

3. _____

4

5

4. _____

5. _____

6

6. _____

7. _____

7

ANSWERS

4. **Es la una y media.**

3. **Son las ocho.**
2. **Son las siete y media.**
1. **Son las seis.**

5. **Son las doce y cuarto.**
6. **Son las nueve y veinte.**
7. **Son las dos y diecisiete.**

When **usted** answer a **"Cuándo"** question, say **"a"** before you give the time.

when

TREN 43 | **6:00**

¿**Cuándo viene el tren?** *a las seis* .

comes

Ahora answer the following **preguntas** based on the **relojes** below. Be sure to **practicar**

(prahk-tee-kar)
practice

(preh-goon-tah)

saying each **pregunta** out loud several times.

(koh-mee-en-sah) *(kohn-see-air-toh)*

¿**Cuándo comienza el concierto?** _____.

commences concert

(peh-lee-koo-lah)

¿**Cuándo comienza la película?** _____.

film

¿**Cuándo viene el autobús amarillo?** _____.

¿**Cuándo viene el taxi?** *a las cinco y media* .

(ah-bee-air-toh)

¿**Cuándo está el restaurante abierto?** _____.

open

(seh-rrah-doh)

¿**Cuándo está el restaurante cerrado?** _____.

closed

A las ocho de la mañana uno dice,

(dee-seh)
one says

(sen-yoh-rah)

"¡Buenos días, Señora Fernandez!"

Mrs.

A las ocho de la tarde uno dice,

(sen-yoh-ree-tah)

"¡Buenas noches, Señorita Gallegos!"

Miss

A la una de la tarde uno dice,

(sen-yohr)

"¡Buenas tardes, Señor Valdes!"

Mr.

A las diez de la noche uno dice,

"¡Buenas noches!"

☐ **el noviembre** *(noh-vee-em-breh)* . . . . November
☐ **normal** *(nor-mahl)* . . . . normal
☐ **el norte** *(nor-teh)* . . . . north
☐ **la noticia** *(noh-tee-see-ah)* . . . . notice
☐ **el número** *(noo-meh-roh)* . . . . . number

45

Remember:

What time is it? =	¿Qué hora es? ¿Qué hora tiene usted?

When/at what time =	**Cuándo** **A qué hora·**

Can **usted** pronounce **y** understand the following paragraph?

> **El tren de Acapulco viene a las tres y cuarto. Son ahora las tres y veinte. El tren viene hoy a las cinco y cuarto. Mañana viene el tren a las tres y cuarto** *(or-dee-nah-ree-oh)* **como de ordinario.**
> as ordinarily

Aquí están more practice exercises. Answer the **preguntas** based on the **hora** given.

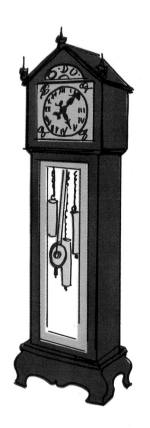

¿Qué hora es?

1. (10:30) _____

2. (6:30) _____

3. (2:15) _____

4. (11:40) _____

5. (12:18) _____

6. (7:20) _____

7. (3:10) _____

8. (4:05) *Son las cuatro y cinco.*

9. (5:35) _____

10. (11:50) _____

□ **el objeto** *(ob-heh-toh)* .... object
□ **la ópera** *(oh-peh-rah)* .... opera
□ **la oliva** *(oh-lee-vah)* .... olive
□ **oriental** *(oh-ree-ehn-tal)* .... oriental
46 □ **ocasión** *(oh-kah-see-ohn)* .... occasion

_____
_____
_____
_____
_____

Aquí está a quick quiz. Fill in the blanks **con los números correctos.** The answers **están debajo.**

1. **Un minuto tiene** _____ **segundos.** *(seh-goon-dos)* seconds
   (?)

2. **Una hora tiene** _____ **minutos.** *(mee-noo-tos)* minutes
   (?)

3. **Un día tiene** _____ **horas.** hours
   (?)

4. **Una semana tiene** _____ **días.**
   (?)

5. **Un mes tiene** _____ **días.**
   (?)

6. **Un año tiene** _doce_ **meses.**
   (?)

7. **Un año tiene** _____ **semanas.**
   (?)

8. **Un año tiene** _____ **días.**
   (?)

Aquí está a sample **página de un horario español. Un TER tren es muy rápido, un tren** *(tair)*

expreso es rápido y un tren correo es lento.
(es-preh-soh) express   mail   train   *(lehn-toh)* slow

DE MADRID A BARCELONA

(par-tee-dah) **Partida** departure	**Numero de tren**	*(yeh-gah-dah)* **Llegada** arrival	*(noh-tas)* **Notas** notes
8:20	TER 86	5:40	
10:00	TER 10	7:00	
2:14	TER 199	10:20	
10:30	TER 210	8:40	

ANSWERS

1. **sesenta** 2. **sesenta** 3. **veinte y cuatro** 4. **siete** 5. **treinta** 6. **doce** 7. **cincuenta y dos** 8. **trescientos sesenta y cinco**

Aquí están los nuevos verbos para Step 12.

(deh-seer)
decir = to say

(koh-mair)
comer = to eat

(beh-bair)
beber = to drink

_____   *comer*   _____

decir

Yo *digo/* _____ eso hoy.

Usted *dice/* _____ mucho.

Él *dice/* _____ "no."
Ella

Nosotros *decimos/* _____ "si."

Ellos *dicen/* _____ *(nah-dah)* **nada.**
Ellas   nothing

comer

Yo *como/* _____ un **biftec.**
(beef-tek)
beefsteak

Usted *come/* _____ **rosbif.**
(rohs-beef)

Él _____ una **ensalada.**
Ella

Nosotros _____ **sopa.**
(soh-pah)

Ellos _____ **pan.**
Ellas

beber

Yo *bebo/* _____ **leche.**

Usted _____ **vino.**

Él *bebe/* _____ **té.**
Ella

Nosotros _____ **limonada.**
(lee-moh-nah-dah)

Ellos _____ **café.**
Ellas

_____
_____
_____
_____
_____

(peen-too-rah) la **pintura**	*(oh-fee-see-nah)* la **oficina**	*(oh-choh)* 8 **ocho**	*(bweh-nos dee-as)* **buenos días**
(teh-choh) el **techo**	*(soh-tah-noh)* el **sótano**	*(nweh-veh)* 9 **nueve**	*(bweh-nas tar-des)* **buenas tardes**
(reen-kon) el **rincón**	*(gah-rah-heh)* el **garaje**	*(dee-es)* 10 **diez**	*(bweh-nas noh-ches)* **buenas noches**
(ven-tah-nah) la **ventana**	*(ow-toh-moh-veel)* el **automóvil**	*(blan-koh)* **blanco**	*(bwen dee-ah)* **buen día**
(lam-pah-rah) la **lámpara**	*(koh-cheh)* el **coche**	*(neh-groh)* **negro**	*(reh-free-heh-rah-dohr)* el **refrigerador**
(loos) la **luz**	*(bee-see-kleh-tah)* la **bicicleta**	*(ah-mah-ree-yoh)* **amarillo**	*(or-noh)* el **horno**
(soh-fah) el **sofá**	*(peh-rroh)* el **perro**	*(roh-hoh)* **rojo**	*(vee-noh)* el **vino**
(see-yah) la **silla**	*(gah-toh)* el **gato**	*(ah-sool)* **azul**	*(sair-veh-sah)* la **cerveza**
(al-fom-brah) la **alfombra**	*(har-deen)* el **jardín**	*(grees)* **gris**	*(leh-cheh)* la **leche**
(meh-sah) la **mesa**	*(floh-res)* las **flores**	*(mah-rron)* **marrón**	*(mahn-teh-kee-yah)* la **mantequilla**
(pwair-tah) la **puerta**	*(boo-son)* el **buzón**	*(vair-deh)* **verde**	*(plah-toh)* el **plato**
(reh-loh) el **reloj**	*(koh-rreh-oh)* el **correo**	*(roh-sah-doh)* **rosado**	*(koo-chee-yoh)* el **cuchillo**
(kor-tee-nah) la **cortina**	*(teem-breh)* el **timbre**	*(mool-tee-koh-lor)* **multicolor**	*(teh-neh-dor)* el **tenedor**
(pah-red) la **pared**	*(oo-noh)* 1 **uno**	*(doh-meen-goh)* el **domingo**	*(koo-chah-rah)* la **cuchara**
(kah-sah) la **casa**	*(dos)* 2 **dos**	*(loo-nes)* el **lunes**	*(sair-vee-yeh-tah)* la **servilleta**
(koh-meh-dor) el **comedor**	*(trehs)* 3 **tres**	*(mar-tes)* el **martes**	*(tah-sah)* la **taza**
(sah-lah) la **sala**	*(kwah-troh)* 4 **cuatro**	*(mee-air-koh-les)* el **miércoles**	*(vah-soh)* el **vaso**
(dor-mee-toh-ree-oh) el **dormitorio**	*(seen-koh)* 5 **cinco**	*(hoo-eh-ves)* el **jueves**	*(sahl)* la **sal**
(bahn-yoh) el **baño**	*(sehs)* 6 **seis**	*(vee-air-nes)* el **viernes**	*(pee-mee-en-tah)* la **pimienta**
(koh-see-nah) la **cocina**	*(see-eh-teh)* 7 **siete**	*(sah-bah-doh)* el **sábado**	*(ar-mah-ree-oh)* el **armario**

STICKY LABELS

This book has over 150 special sticky labels for you to use as you learn new words. When you are introduced to a word, remove the corresponding label from these pages. Be sure to use each of these unique labels by adhering them to a picture, window, lamp, or whatever object it refers to. The sticky labels make learning to speak Spanish much more fun and a lot easier than you ever expected.

For example, when you look in the mirror and see the label, say

(el) *(es-peh-hoh)*
"el espejo."

Don't just say it once, say it again and again.

And once you label the refrigerator, you should never again open that door without saying

(el) *(reh-free-heh-rah-dohr)*
"el refrigerador."

By using the sticky labels, you not only learn new words but friends and family learn along with you!

(pahn) el **pan**	*(pah-pel)* el **papel**	*(hah-bohn)* el **jabón**	*(trah-heh)* el **traje**
(teh) el **té**	*(ses-toh pah-rah pah-peh-les)* el **cesto para papeles**	*(seh-pee-yoh deh dee-en-tes)* el **cepillo de dientes**	*(kor-bah-tah)* la **corbata**
(kah-feh) el **café**	*(kar-tah)* la **carta**	*(pahs-tah deh dee-en-tes)* la **pasta de dientes**	*(pahn-yoo-eh-loh)* el **pañuelo**
(ah-gwah) el **agua**	*(seh-yoh)* el **sello**	*(pay-neh)* el **peine**	*(chah-keh-tah)* la **chaqueta**
(chok-koh-lah-teh) l **chocolate**	*(lee-broh)* el **libro**	*(ah-bree-goh)* el **abrigo**	*(pahn-tah-loh-nes)* los **pantalones**
(kah-mah) la **cama**	*(tar-heh-tah pos-tahl)* la **tarjeta postal**	*(eem-pair-meh-ah-bleh)* el **impermeable**	*(kah-mee-sah)* la **camisa**
(mahn-tah) la **manta**	*(peh-ree-oh-dee-koh)* el **periódico**	*(pah-rah-gwas)* el **paraguas**	*(ves-tee-doh)* el **vestido**
(ahl-moh-hah-dah) a **almohada**	*(reh-vees-tah)* la **revista**	*(gwan-tes)* los **guantes**	*(fahl-dah)* la **falda**
(des-pair-tah-dor) el **despertador**	*(gah-fahs)* las **gafas**	*(sohm-breh-roh)* el **sombrero**	*(bloo-sah)* la **blusa**
(roh-peh-roh) el **ropero**	*(teh-leh-vee-see-ohn)* la **televisión**	*(sah-pah-tos)* los **zapatos**	*(sweh-tair)* el **suéter**
(lah-vah-boh) el **lavabo**	*(pah-sah-por-teh)* el **pasaporte**	*(boh-tas)* las **botas**	*(kahl-sohn-see-yos)* los **calzoncillos**
(doo-chah) la **ducha**	*(bee-yee-teh deh ah-vee-ohn)* el **billete de avión**	*(kahl-seh-tee-nes)* los **calcetines**	*(kah-mee-seh-tah)* la **camiseta**
(es-koo-sah-doh) l **excusado**	*(dee-neh-roh)* el **dinero**	*(meh-dee-ahs)* las **medias**	*(kohm-bee-nah-see-ohn)* la **combinación**
(toh-ah-yah) la **toalla**	*(kah-mah-rah)* la **cámara**	*(pee-hah-mas)* las **pijamas**	*(sos-ten)* el **sostén**
(toh-ah-yah deh mah-noh) la **toalla de mano**	*(roh-yoh deh peh-lee-koo-lah)* el **rollo de película**	*(kah-mee-sah deh dor-meer)* la **camisa de dormir**	*(bwen proh-veh-choh)* ¡**Buen provecho!**
(toh-ah-yah deh bahn-yoh) la **toalla de baño**	*(mah-leh-tah)* la **maleta**	*(sah-pah-tee-yas)* las **zapatillas**	*(oh-koo-pah-doh)* **Ocupado**
(pahn-yoh pah-rah lah-var) el **paño para lavar**	*(bol-sah)* la **bolsa**	*(bah-tah deh bahn-yoh)* la **bata de baño**	*(pair-doh-neh-meh)* **Perdóneme**
(es-peh-hoh) el **espejo**	*(kar-teh-rah)* la **cartera**	*(soy ah-meh-ree-kah-noh)* **Yo soy americano.**	
(lah-pees) el **lápiz**	*(trah-heh deh bahn-yoh)* el **traje de baño**	*(kee-air-oh ah-pren-dair es-pahn-yohl)* **Quiero aprender español.**	
(ploo-mah) la **pluma**	*(sahn-dah-lee-ahs)* las **sandalias**	*(mee nom-breh es)* **Mi nombre es** _____.	

PLUS . . .

Your book includes a number of other innovative features. At the back of the book, you'll find seven pages of flash cards. Cut them out and flip through them at least once a day.

On pages 112 and 113, you'll find a beverage guide and a menu guide. Don't wait until your trip to use them. Clip out the menu guide and use it tonight at the dinner table. And use the beverage guide to practice ordering your favorite drinks.

By using the special features in this book, you will be speaking Spanish before you know it.

(bweh-nah) *(soo-air-teh)*
Buena suerte!
good   luck

(nor-teh)	(soor)	(es-teh)	(oh-es-teh)
Norte -	**Sur,**	**Este** -	**Oeste**
north	south	east	west

If **usted** are looking at a **mapa y usted** see the following **palabras,** it should not be too
(mah-pah)
map

(dee-fee-seel)
difícil to figure out **que ellas** mean. Take an educated guess. The answers **están debajo.** .
difficult

(ah-meh-ree-kah) (nor-teh)
América del Norte

(ah-meh-ree-kah) (soor)
América del Sur

(teh-ree-toh-ree-ohs) (nor-oh-es-teh)
Territorios del Noroeste

(poh-loh) (nor-teh)
Polo del Norte

(soor)
Polo del Sur

(bair-leen) (oh-es-teh)
Berlín del Oeste

(koh-reh-ah)
Corea del Norte

(koh-reh-ah)
Corea del Sur

(koh-stah) (oh-es-teh)
costa del oeste

(eer-lahn-dah)
Irlanda del Norte

(ah-free-kah)
Africa del Sur

(es-teh)
costa del este

Las palabras españolas para north, south, east **y** west **son** easy to recognize due to

(see-mee-lah-ree-dahd)
their **similaridad** to **inglés.**
similarity

(nor-teh) **el norte**	=	the north	_____
(soor) **el sur**	=	the south	_____
(es-teh) **el este**	=	the east	*el este*
(oh-es-teh) **el oeste**	=	the west	_____

del norte	=	northern	_____
del sur	=	southern	*del sur*
del este	=	eastern	_____
del oeste	=	western	_____

These **palabras son importantes.** Learn them **hoy!** But what about more basic

directions such as "left," "right," "straight ahead" **y** "around the corner"? Let's learn

these **palabras ahora.**

(ees-kee-air-dah)
izquierda
left

(deh-reh-chah)
derecha
right

straight ahead	=	*(deh-reh-choh)* **derecho**
to turn the corner	=	*(doh-blar) (es-kee-nah)* **doblar la esquina**
to/on the right	=	**a la derecha**
to/on the left	=	**a la izquierda**

ANSWERS

east coast	South Africa	Northern Ireland
west coast	South Korea	North Korea
West Berlin	South Pole	North Pole
Northwest Territories	South America	North America

49

Just as **en inglés,** these **tres palabras** go a long way.

(pohr) (fah-vohr) **por favor**	= please	_____
(grah-see-as) **muchas gracias**	= many thanks	*muchas gracias*
(pair-doh-neh-meh) **perdóneme**	= pardon me	_____

(kohn-vair-sah-see-oh-nes) *(tee-pee-kahs)*
Aquí están dos conversaciones muy típicas para someone who is trying to find something.
conversations   typical

Juan: **Perdóneme. ¿Dónde está el Hotel Acapulco?**

Carlos: **Anda usted dos calles** *(kah-yehs)* **más, luego a la** *(ees-kee-air-dah)* **izquierda, luego** *(deh-reh-choh)* **derecho y usted está**
go   streets   more   straight ahead
(ah-yee) (deh-lahn-teh)
allí delante del hotel.
there   in front   of the

Juan: **Perdóneme. ¿Dónde está el** *(moo-seh-oh)* **Museo de** *(ar-teh)* **Arte?**
museum

Maria: **Anda usted derecho y luego dobla usted la esquina a la derecha.**
turn   corner
(ah-prohk-see-mah-dah-men-teh)   *(meh-tros)*
Aproximadamente ciento diez metros más a la izquierda está el museo.
approximately   meters

Are you lost? There is no need to be lost if **usted** have learned the basic **palabras de**
(dee-rek-see-ohn)
dirección. Do not try to memorize these **conversaciones** because you will never be
direction

looking for precisely these places! One day you might need to ask for directions to **"El**

Restaurante del Río" o "El Museo de Pancho Villa" o "El Hotel Cervantes." Learn

the key direction **palabras** and be sure **usted** can find your destination.

What if the person responding to your **pregunta** answers too quickly for you to understand

the entire reply? If so, ask again, saying,

☐ **la oportunidad** *(oh-pohr-too-nee-dahd)* .. opportunity _____
☐ **la oposición** *(oh-poh-see-see-ohn)* .... opposition _____
☐ **ordinario** *(or-dee-nah-ree-oh)* .... ordinary _____
☐ **original** *(oh-ree-hee-nal)* .... original _____
50 ☐ **el oxígeno** *(oh-see-heh-noh)* .... oxygen _____

Perdóneme. Soy americano y hablo *(soh-lah-men-teh)* solamente un *(poh-koh)* poco de español. Hable usted
only   a   little

más *(des-pah-see-oh)* despacio, por favor. Repita *(reh-pee-tah)* usted eso, por favor.
more slow   repeat   that

Ahora when the **direcciones** are repeated, **usted** will be able to understand if **usted** have learned the key **palabras** for **direcciones**. Quiz yourself by filling in the blanks below **con las palabras españolas correctas.**

Dolores: **Perdóneme. ¿Dónde está el restaurante "El Toro Bravo"?**
(toh-roh)(brah-voh)
bull   brave

Pedro: **Anda usted _tres_ _____ _____ , luego _____**
                  three   streets   further   turn

usted _____ _____ _____ _____ _____ ,
         the   corner   to   the   left

luego _____. Allí está una iglesia. Luego _____ usted
       straight ahead   turn

_____ _____ _____ _____ _____ _____.
   the   corner   to   the   right

_a_ _____ _____ está el restaurante "El Toro Bravo."
On   the   left

Aquí están cuatro verbos nuevos.

(en-kohn-trar)
encontrar = to find   _____

(en-ten-dair)
entender = to understand   *entender*

(reh-peh-teer)
repetir = to repeat   _____

(ven-dair)
vender = to sell   _____

☐ **el palacio** *(pah-lah-see-oh)* .... palace   _____
☐ **la palma** *(pahl-mah)* .... palm   _____
☐ **el pánico** *(pah-nee-koh)* .... panic   _____
☐ **la pasta** *(pahs-tah)* .... pasta   _____
☐ **el pasaporte** *(pah-sah-pohr-teh)* ...... passport   _____

51

As always, say each sentence out loud. Say each and every **palabra** carefully, pronouncing everything **usted** see.

encontrar

Yo _encuentro/_ el hotel.

Usted _encuentra/_ el cuarto.

Él
Ella _____ el restaurante.

Nosotros _encontramos/_ el banco.

Ellos _encuentran/_ el museo.
Ellas

vender

Yo _____ la cama.

Usted _vende/_ *(chah-keh-tah)* la **chaqueta.** jacket

Él
Ella _____ la pintura.

Nosotros _____ *(bee-yeh-tes)* **billetes.**

Ellos_____ la casa.
Ellas

entender

Yo _entiendo/_ español.

Usted _entiende/_ inglés.

Él
Ella _____ *(ah-lay-mahn)* **aléman.** German

Nosotros _entendemos/_ *(roo-soh)* **ruso.** Russian

Ellos _entienden/_ *(frahn-ses)* **frances.**
Ellas French

repetir

Yo _repito/_ la palabra.

Usted _____ las direcciones.

Él _repite/_ la palabra.
Ella

Nosotros _repetimos/_ eso.

Ellos _repiten/_ nada.
Ellas

Ahora, see if **usted** can translate the following thoughts into **español.** The answers **están debajo.**

1. She repeats the word. _____

2. They sell tickets. _____

3. He finds the correct museum. _____

4. We eat bread. _____

5. I speak Spanish. _____

6. You drink tea. _Usted bebe té._

ANSWERS

1. **Ella repite la palabra.**
2. **Ellos venden billetes.**
3. **Él encuentra el museo correcto.**
4. **Nosotros comemos pan.**
5. **Yo hablo español.**
6. **Usted bebe té.**

52

(ah-rree-bah)   **(ah-bah-hoh)**

Arriba - Abajo

up   down

Step 14

Before **usted comienza con** Step 14, review Step 8. **Ahora nosotros aprendemos más.**
_{learn}

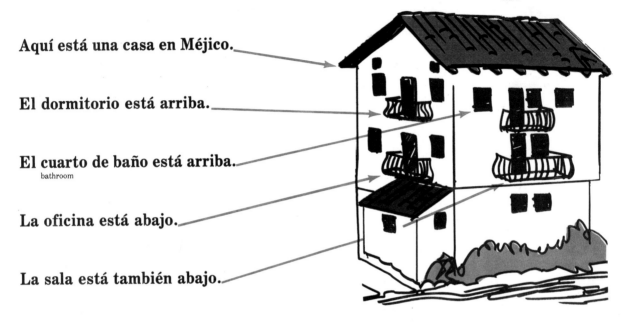

Aquí está una casa en Méjico.

El dormitorio está arriba.

El cuarto de baño está arriba.
_{bathroom}

La oficina está abajo.

La sala está también abajo.

Anda usted ahora en your **dormitorio y** look around **el cuarto.** Let's learn **los nombres de las cosas en el dormitorio** just as **nosotros** learned the various **partes de la casa.** Be sure to practice saying **las palabras** as **usted escribe** them in the spaces **debajo.** Also say
_{below}
out loud the example sentences **debajo de las pinturas.**

(kah-mah)
la cama

(mahn-tah)
la manta
blanket

(ahl-moh-hah-dah)
la almohada

la cama
_____

_____

_____

Yo compro la cama.   Yo necesito una manta.   La almohada es pequeña.
                                                                (peh-kehn-yah)

☐ **la pausa** *(pow-sah)* . . . . pause   _____
☐ **el perdón** *(pair-dohn)* . . . . pardon   _____
☐ **la pera** *(peh-rah)* . . . . pear   _____
☐ **perfecto** *(pair-fek-toh)* . . . . perfect   _____
☐ **el perfume** *(pair-foo-meh)* . . . . perfume   _____

53

(des-pair-tah-dor)
el despertador

(roh-peh-roh)
el ropero

Remove **las siguientes cinco**
(see-gee-en-tes)
following
stickers and label these **cosas**

en your **dormitorio.**

_____

Yo tengo un
despertador.

_____

El ropero está en el
dormitorio.

El dormitorio en un hotel o una pensión
(pehn-see-ohn)
boarding house
dormir = to sleep, so a sleeping room
Study the following **preguntas y** their
answers based on **la pintura a la izquierda.**

1. **¿Dónde está el despertador?**

   (soh-breh)
   El despertador está sobre la mesa.
   on

2. **¿Dónde está la manta?**

   La manta está sobre la cama.

3. **¿Dónde está el ropero?**

   El ropero está en el dormitorio.

4. **¿Dónde está la almohada?**

   La almohada está sobre la cama.

5. **¿Dónde está la cama?**

   La cama está en el dormitorio.

6. **¿Es la cama grande o pequeña?**
   (grahn-deh) *(peh-kehn-yah)*
   big   small

   La cama no es grande.

   La cama es pequeña.

☐ **la persona** *(pair-soh-nah)* . . . . person
☐ **la policía** *(poh-lee-see-ah)* . . . . police, policeman
☐ **la política** *(poh-lee-tee-kah)* . . . . politics
☐ **el piano** *(pee-ah-noh)* . . . . piano
54 ☐ **posible** *(poh-see-bleh)* . . . . possible

_____
_____
_____
_____
_____

Ahora, answer **las preguntas** based on the previous **pintura.**

¿Dónde está el despertador?

¿Dónde está la cama?

La cama está _____

Let's move into **el cuarto de baño (o el lavatorio) y** do the same thing.

(lah-vah-boh)
el lavabo

el lavabo _____

**El cuarto en el hotel
tiene un lavabo.**

(doo-chah)
la ducha

_____

**La ducha no está en
el cuarto del hotel.**

(es-koo-sah-doh)
el excusado

_____

**El excusado no está en el
cuarto. El excusado y la ducha**
(kah-dah) (pee-soh)
están en cada piso.
each   floor

(es-peh-hoh)
el espejo _____

(toh-ah-yah)
la toalla _la toalla_ ____
towel

(pahn-yoh)   *(lah-var)*
el paño para lavar _____
cloth   to wash

(toh-ah-yah) *(mah-noh)*
la toalla de mano _____

la toalla de baño _____

Do not forget to remove the next **siete** stickers **y** label these **cosas** in your **cuarto de baño.**

☐ **la práctica** *(prahk-tee-kah)*	practice	_____
☐ **el precio** *(preh-see-oh)*	price	_____
☐ **preciso** *(preh-see-oh-soh)*	precise	_____
☐ **la predicción** *(preh-deek-see-ohn)*	prediction	_____
☐ **el prefacio** *(preh-fah-see-oh)*	preface	_____

el cuarto de baño en una casa

baño = bath, so a bathing room

¿Está la ducha a la derecha o a la izquierda en la pintura? La ducha está a la _____.
(?)

¿Dónde está el excusado arriba?   El excusado está en el centro. *(sen-troh)*
center

¿Dónde está el lavabo arriba?   El lavabo está a la _____.
(?)

¿Dónde está el espejo arriba?   El espejo está sobre el *lavabo*.
(?)

(toh-ah-yas)
¿Dónde están las **toallas** de baño en la pintura arriba?
bath towels

   Las toallas están sobre el _____.   Las toallas están en la _____.
(?)   (?)

(cuarto)   (bañar)
Remember, **el cuarto de baño** means a room to bathe in. If **usted está en un restaurante y necesita** the lavatory, **usted** want to ask for **el excusado o el lavatorio**, *not* for **el cuarto de baño.**

Perdóneme. ¿Dónde está el lavatorio?

Restrooms are marked **en español con** the letters [D] **y** [C.]

[D] *(reh-preh-sehn-tah)*
representa
represents
(dah-mas)
Damas
ladies

y [C] **representa**

(kah-bah-yair-ohs)
Caballeros.
gentlemen

☐ **preferir** *(preh-feh-reer)* .... to prefer
☐ **principal** *(preen-see-pahl)* .... principal, main
☐ **preparar** *(preh-pah-rar)* .... to prepare
☐ **presente** *(preh-sen-teh)* .... present
☐ **probable** *(proh-bah-bleh)* .... probable

_____
_____
_____
_____
_____

Next stop — **la oficina,** specifically **la mesa o el escritorio** *(es-cree-toh-ree-oh)* en la

oficina. ¿Qué está sobre el escritorio? Let's identify **las cosas** which one normally finds

en la oficina o strewn about **la casa.**

(lah-pees)
el lápiz

(ploo-mah)
la pluma

(pah-pel)
el papel

(kar-tah)
la carta

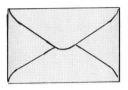

la carta

(tar-heh-tah) (pos-tahl)
la tarjeta postal

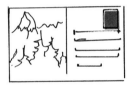

(seh-yoh)
el sello

(lee-broh)
el libro

(reh-vees-tah)
la revista

(peh-ree-oh-dee-koh)
el periódico

(gah-fahs)
las gafas

(teh-leh-vee-see-ohn)
la televisión

(ses-toh)
el cesto para
(pah-peh-les)
papeles

☐ **el problema** *(proh-bleh-mah)* . . . . problem
☐ **el producto** *(proh-dook-toh)* . . . . product
☐ **el profesor** *(proh-feh-sohr)* . . . . professor
☐ **el programa** *(proh-grah-mah)* . . . . program
☐ **prohibido** *(proh-hee-bee-doh)* . . . . prohibited, forbidden

Ahora, label these **cosas en la oficina con** your stickers. Do not forget to say these **palabras** out loud whenever **usted escribe** them, **usted** see them, **o usted** apply the stickers. **Ahora,** identify **los cosas en la pintura debajo** by filling in each blank **con la correcta palabra española.**

1. _____
2. *la carta*
3. _____
4. _____
5. _____
6. _____
7. _____
8. _____
9. _____
10. _____

Aquí están cuatro verbos más.

(vair)
ver = to see

(mahn-dar)
mandar = to send

(dor-meer)
dormir = to sleep

(yah-mar)
llamar = to call

ver _____   _____   _____   _____

(see-gee-en-teh)
Ahora, fill in the blanks, **en la página siguiente, con la forma correcta de** these **verbos.**
following

Practice saying the sentences out loud many times.

☐ **la promesa** *(proh-meh-sah)* . . . . promise   _____
☐ **la pronunciación** *(proh-noon-see-ah-see-ohn)*. pronunciation   _____
☐ **el punto** *(poon-toh)* . . . . point   _____
   —el punto de vista . . . . viewpoint   _____
☐ **el público** *(poo-blee-koh)* . . . . public   _____

ver

Yo _veo/_ la cama.

Usted _ve/_ la manta.

Él
Ella _____ el despertador.

Nosotros _vemos/_ el lavabo.

Ellos _ven/_ la toalla.
Ellas

mandar

Yo _____ la carta.

Usted _____ la tarjeta postal.

Él
Ella _manda/_ el libro.

Nosotros _____ tres tarjetas postales.

Ellos _____ los libros.
Ellas

dormir

Yo _duermo/_ en el dormitorio.

Usted _____ en la oficina.

Él
Ella _duerme/_ en la cama.

Nosotros _dormimos/_ en la sala.

Ellos _duermen/_ en la cocina.
Ellas

llamar

Yo _____ por teléfono.

Usted _____ a Italia.

Él
Ella _____ a nosotros.

Nosotros _llamamos/_ a Francia.

Ellos _____ a América.
Ellas

As a review of **arriba** and **abajo, aquí está** a toast to use when **usted bebe en Méjico** . . .

Arriba, (raise your **vaso**)

Abajo, (lower your **vaso**)

Al centro, (clink together the **vasos** in the center)

(ah-dehn-troh)
¡Adentro! (drink, of course!)
inside

☐ **la radio** *(rah-dee-oh)* . . . . radio
☐ **el ranchero** *(rahn-cheh-roh)* . . . . rancher, farmer
☐ **la reacción** *(reh-ahk-see-ohn)* . . . . reaction
☐ **rápido** *(rah-pee-doh)* . . . . rapid
☐ **la rebelión** *(reh-beh-lee-ohn)* . . . . rebellion

Step 15

Usted know how to count, how to ask **preguntas,** how to use **verbos con** the "plug-in" formula, how to make statements, **y** how to describe something, be it the location of **un hotel o el color de la casa.** Let's now take the basics that **usted** have learned **y** expand them in special areas that will be most helpful in your travels. What does everyone do on a holiday? Send postcards, of course. Let's learn exactly how **la oficina de correos** works.

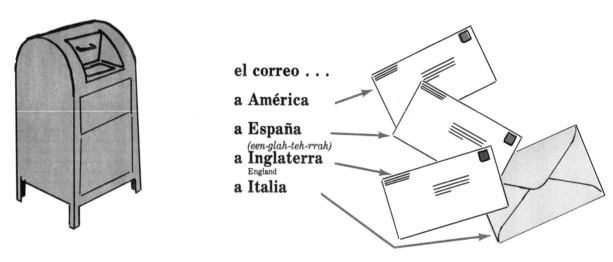

el correo . . .

a **América**

a **España**

(een-glah-teh-rrah)
a **Inglaterra**
England

a **Italia**

Aquí están the basic **palabras para la oficina de correos.** Be sure to practice them out loud **y luego escribe usted la palabra debajo de la pintura.**

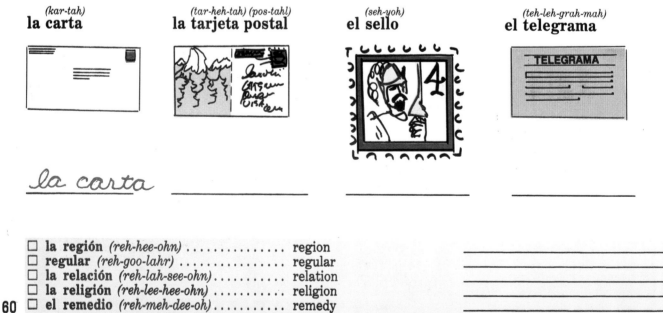

(kar-tah)
la carta

(tar-heh-tah) (pos-tahl)
la tarjeta postal

(seh-yoh)
el sello

(teh-leh-grah-mah)
el telegrama

la carta _____   _____   _____

□ **la región** (reh-hee-ohn) . . . . region
□ **regular** (reh-goo-lahr) . . . . regular
□ **la relación** (reh-lah-see-ohn) . . . . relation
□ **la religión** (reh-lee-hee-ohn) . . . . religion
60 □ **el remedio** (reh-meh-dee-oh) . . . . remedy

(pah-keh-teh)
el paquete

(boo-sohn)
el buzón

(ah-eh-reh-oh)
correo aéreo

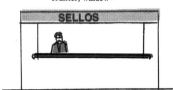
CORREO AÉREO
AIR MAIL

(ven-tah-nee-yah)
la ventanilla
counter, window

SELLOS

_____   _____   _____   _____

(kah-bee-nah) *(teh-leh-foh-noh)*
la cabina de teléfono

TELÉFONO

el teléfono

la oficina de correos

OFICINA DE CORREOS

_____   *el teléfono*   _____

La oficina de correos tiene todo. *(toh-doh)* **Usted manda telegramas, cartas y tarjetas postales**
everything   send

de la oficina de correos. Usted compra sellos en la oficina de correos. Usted llama *(yah-mah)*
call

por teléfono de la oficina de correos. In large cities, **la oficina de correos tiene una**

(ven-tah-nee-yah) **ventanilla** which is even **abierto** *(ah-bee-air-toh)* **por las tardes y los sábados.** If **usted** need to call home
counter, window   open   in   Saturdays

to **América,** this can be done at **la oficina y** is called **una llamada** *(yah-mah-dah)* **a larga** *(lar-gah)* **distancia.** *(dees-tahn-see-ah)*
call   long   distance

Okay, first step — **usted anda a**
walk   to

la oficina y entra allí.
there

The following **es una buena** sample **conversación.** Familiarize yourself **con estas**
these

palabras ahora. Don't wait until your holiday.

VENTANILLA 8

Perdóneme.
¿Dónde compro
yo sellos?

En la venta-
nilla ocho.

☐ **reparar** *(reh-pah-rah)*	to repair	_____
☐ **repetir** *(reh-peh-teer)*	to repeat	_____
—**Repita por favor**	please repeat	_____
☐ **la república** *(reh-poo-blee-kah)*........	republic	_____
☐ **la revolución** *(reh-voh-loo-see-ohn)*	revolution	_____

Next step — **Usted** ask **preguntas** like those **debajo** depending upon **que usted quiere.**

¿Dónde **compro** yo sellos?
buy

¿Dónde **mando** yo un telegrama?
send

¿Dónde **compro** yo una tarjeta postal?

¿Dónde **mando** yo un paquete?

¿Dónde **llamo** yo por teléfono?

¿Dónde está la cabina de teléfono?

(pweh-doh)
¿Dónde **puedo** yo llamar a América
can

¿Cuánto cuestan los sellos?

por teléfono?

¿Cuánto cuesta eso?

(ah-sair) *(yah-mah-dah)* *(loh-kahl)*
¿Dónde **puedo** yo **hacer** una **llamada local?**
make   call   local

(boo-sohn)
¿Dónde está el **buzón?**
mailbox

Practice these sentences **arriba** again and again.

Ahora, quiz yourself. See if **usted** can translate the following thoughts into **español.**
The answers **están debajo en la página siguiente.**
following

1. Where is the telephone booth? _____

2. Where do I make a phone call? *Dónde llamo yo por teléfono?*

3. Where can I make a local phone call? _____

4. Where can I make a phone call to Italy? _____

5. Where is the post office? _____

☐ **la reserva** *(reh-sair-vah)* . . . . reservation
☐ **el restaurante** *(rehs-tah-rahn-teh)* . . . . . restaurant
☐ **romano** *(roh-mah-noh)* . . . . Roman
☐ **romántico** *(roh-mahn-tee-koh)* . . . . romantic
☐ **la sal** *(sahl)* . . . . salt

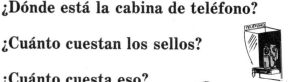
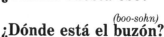

6. Where do I buy stamps? _____

7. Airmail stamps? _____

8. Where do I send a package? _____

9. Where do I send a telegram? _____

10. Where is counter eight? _____

Aquí están más verbos.

(ah-sair)
hacer = to make/do

(mohs-trar)
mostrar = to show

(es-kree-beer)
escribir = to write

(pah-gar)
pagar = to pay

hacer _____ _____ _____

hacer

Yo *hago* _____ una llamada.

Usted *hace* _____ una llamada.

Él
Ella _____ mucho.

Nosotros no _____ mucho.

Ellos
Ellas _____ todo.
everything

escribir

Yo _____ una carta.

Usted *escribe* _____ mucho.

Él
Ella _____ nada.

Nosotros _____ más.

Ellos
Ellas _____ todo.

mostrar

Yo *muestro* _____ el libro a usted.

Usted *muestra* _____ el banco a él.

Él
Ella _____ el hotel a nosotros.

(kas-tee-yoh)
Nosotros no _____ el castillo a ella.
castle

Ellos *muestran* la pintura a ella.
Ellas

pagar

Yo *pago* _____ la cuenta.
(kwehn-tah)
bill

Usted _____ los billetes de teatro.

Él
Ella _____ los billetes de tren.

Nosotros _____ el vino.

Ellos
Ellas _____ la comida.
(koh-mee-dah)
meal

ANSWERS

6. ¿Dónde compro yo sellos?
7. ¿Sellos para correo aéreo?
8. ¿Dónde mando yo un paquete?
9. ¿Dónde mando yo un telegrama?
10. ¿Dónde está la ventanilla ocho?

1. ¿Dónde está la cabina de teléfono?
2. ¿Dónde llamo yo por teléfono?
3. ¿Dónde puedo yo hacer una llamada local?
4. ¿Dónde puedo yo hacer una llamada a Italia?
5. ¿Dónde está la oficina de correos?

63

Step 16

(ah-ee)
Sí, también hay bills to pay **en Méjico. Usted** have just finished your evening meal
there are   **(cena)**

y **usted quiere pagar la cuenta. ¿Qué hace usted?** Usted llama for **el camarero**
                                    pay   do   *(kah-mah-reh-roh)*
                                                                           waiter
(kah-mah-reh-rah)
o la camarera:
waitress

> *(kwehn-tah)*
> **"¡La cuenta, por favor!"**

(kah-mah-reh-roh)
El camarero will normally reel off what **usted**

have eaten, while writing rapidly. **Él** will then

(peh-dah-soh)
place **un pedazo de papel delante de usted**
          piece   of   paper

that looks like **la cuenta en la pintura,** while

saying something like

> *(toh-tahl)*
> **"Son dos cientos veinte pesos en total."**
> total

> **Perdóneme.**
> **Yo quiero pagar.**

> **Sí, por favor.**

(proh-pee-nah)
Ahora, since you know that a **propina** should be added on to that price just as if **usted**
                            tip

were in **América, usted** know to add about **treinta y cinco o cuarenta pesos** to **el precio.**
                                                                                    (preh-see-oh)
                                                                                    price

So, **usted** pull out **tres cientos pesos y,** while placing **el dinero sobre la mesa, usted dice,**
                                                                                              say

> **Aquí está el dinero.**

> **Gracias.**

El camarero then places your **cambio sobre la**

mesa y dice, "¡Buenos días!"

When **el camarero** leaves, you can then put his **propina sobre la mesa.**

Remember these key words when dining out:

la carta or **el menú**

la cuenta and **la propina**

la camarera and **el camarero**

Luego, usted naturalmente dice "Muchas gracias" **cuando usted sale del restaurante.**
_{leave}

Just as **en América, cortesía es** as **importante** as **la propina. Usted** will leave the
_(kor-teh-see-ah)
_{courtesy}

camarero o la camarera smiling by using **estas palabras.** Remember — **por favor,**

perdóneme, and **muchas gracias.**

Aquí está a sample **conversación** involving paying **la cuenta** when leaving **un hotel.**

Carlos: **Perdóneme. Yo quiero pagar la cuenta del hotel.**

Hotelero: **El número del cuarto, por favor.**
_(oh-teh-leh-roh)
_{hotelkeeper}

Carlos: **Cuarto tres cientos diez.**

Hotelero: **Muchas gracias. Un momento,**

            por favor. Aquí está la cuenta. Son dos mil quinientos sesenta y

            cinco pesos en total.

Carlos: **Muchas gracias (y Carlos** hands him **tres billetes de mil pesos. El**

            hotelero returns shortly **y dice)**

Hotelero: **Aquí está el recibo y su cambio (435 pesos). Muchas gracias. ¡Adiós!**
_{(reh-see-boh) (soo)}
_{receipt   your}
_(ah-dee-ohs)
_{good-bye}

Simple, right? If **usted** ever **tiene** any **problemas con números,** just ask the person to
_(proh-bleh-mas)
_{problems}

write out **los números** so that **usted** can be sure you understand everything correctly.

"Por favor, escribe usted los números. ¡Muchas gracias!"

Let's take a break from **dinero y,** starting **en la página siguiente,** learn some fun

palabras nuevas.

☐ **la sensación** *(sen-sah-see-ohn)* . . . . sensation
☐ **el septiembre** *(sehp-tee-em-breh)* . . . . September
☐ **el servicio** *(sair-vee-see-oh)* . . . . service
☐ **la sesión** *(seh-see-ohn)* . . . . session
☐ **severo** *(seh-veh-roh)* . . . . severe

El está <u>sano</u>.
(sah-noh)
healthy

El está <u>enfermo</u>.
(en-fair-moh)
sick

Eso es <u>bueno</u>.

Eso no es bueno.
Eso es <u>malo</u>.
(mah-loh)
bad

El agua está <u>caliente</u>.
(kah-lee-en-teh)
hot

El agua tiene 50 grados.

El agua está <u>fría</u>.
(free-ah)
cold

El agua tiene solamente
only
17 grados.

FUERTE

suave

(soo) (vohs) *(soo-ah-veh)*
Su voz es <u>suave</u>.
his voice soft

(fwair-teh)
Su voz es <u>fuerte</u>.
loud

(lee-neh-ah) *(kor-tah)*
La línea roja es <u>corta</u>.
line short

(lar-gah)
La línea azul es <u>larga</u>.
long

(grahn-deh)
La mujer es <u>grande</u>.
big

(peh-kehn-yah)
La niña es <u>pequeña</u>.

(groo-eh-soh)
El libro rojo es <u>grueso</u>.
thick

(del-gah-doh)
El libro verde es <u>delgado</u>.
thin

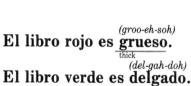

arriba

izquierda **derecha**

abajo

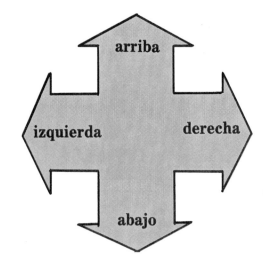

(kee-loh-meh-tros)
20 kilómetros la hora
kilometers

(des-pah-see-oh)
despacio
slow

200 kilómetros la hora

(rah-pee-doh)
rápido
fast

Las montañas son altas. *(mohn-tahn-yas) (ahl-tas)* **Ellas tienen 2000 metros de alto.** *(meh-tros)*
mountains   high   meters

Las montañas son bajas. *(bah-hahs)* **Ellas tienen solamente**
low

800 metros de alto.

El abuelo es viejo. *(vee-eh-hoh)* **Él tiene 70 años.**
old

El niño es joven. *(hoh-ven)* **Él tiene solamente 10 años.**
young

El cuarto en el hotel es caro. *(kah-roh)* **Él cuesta 1000 pesos.**
expensive

El cuarto en la pensión es barato. *(bah-rah-toh)* **Él cuesta**
inexpensive

450 pesos.

Yo tengo 20,000 pesos. Yo soy rico. *(ree-koh)* **Eso es mucho dinero.** *(moo-choh)*
rich   a lot

Él tiene solamente 20 pesos. Él es pobre. *(poh-breh)* **Eso es poco dinero.** *(poh-koh)*
poor   little

Aquí están más verbos nuevos.

(poh-dair)
poder = to be
able to/can

(teh-nair) (keh)
tener que = to
have to/must

(sah-bair)
saber = to know
(a fact, an
address, etc.)

(leh-air)
leer = to read

_____   _____   _____   *leer*

Notice that the first two, along with **querer,** can be joined to another verb:

yo quiero pagar want to pay	**nosotros podemos entrar** can enter	**él tiene que salir** must leave
yo quiero comer	**nosotros podemos pagar**	**él tiene que pagar**

☐ **social** *(soh-see-ahl)* .... social _____
☐ **el sofá** *(soh-fah)* .... sofa _____
☐ **solitario** *(soh-lee-tah-ree-oh)* .... solitary _____
☐ **sudamericano** *(sood-ah-meh-ree-kah-noh)* .. South American _____
☐ **sólido** *(soh-lee-doh)* .... solid _____

Study their pattern closely as **usted** will use these **verbos** a lot.

poder

Yo _puedo_ leer español.
<small>read</small>

Usted _puede_ hablar español.

Él _____ entender español.
Ella <small>understand</small>

Nosotros _podemos_ entender inglés.
<small>understand</small>

Ellos _pueden_ entender francés.
Ellas

tener que

Yo _tengo que_ pagar la cuenta.

Usted _____ pagar la cuenta.

Él _tiene que_ pagar la cuenta.
Ella

Nosotros _tenemos que_ pagar la cuenta.

Ellos _tienen que_ pagar la cuenta.
Ellas

saber

Yo _sé_ eso.

Usted _____ nada.

Él _sabe_ eso.
Ella

Nosotros _____ todo.

Ellos _saben_ cuánto eso cuesta.
Ellas

leer

Yo _leo_ el libro.

Usted _____ el periódico.

Él _____ la revista.
Ella

Nosotros _leemos_ la cuenta.

Ellos _____ el periódico alemán.
Ellas

¿**Puede usted** translate these thoughts **debajo en español?** The answers **están debajo.**

1. I can speak Spanish. _____

2. He must pay now. _____

3. We not know that. _Nosotros no sabemos eso._

4. They can pay the bill. _____

5. She knows a lot. _____

6. I can speak a little Spanish. _____
   <small>(un poco)</small>

ANSWERS

1. **Yo puedo hablar español.**   2. **Él tiene que pagar ahora.**   3. **Nosotros no sabemos eso.**   4. **Ellos pueden pagar la cuenta.**   5. **Ella sabe mucho.**   6. **Yo puedo hablar un poco español.**

Ahora, draw **líneas entre** the opposites **debajo.** Don't forget to say them out loud.

Use these **palabras** every **día** to describe **cosas en su casa, en su escuela, en** *(soo)* your *(es-kweh-lah)* school

su oficina, etc.

grande	arriba
izquierda	bajo
joven	pequeño
pobre	fuerte
sano	delgado
largo	barato
mucho	poco
bueno	enfermo
grueso	viejo
alto	rápido
caliente	derecha
abajo	frío
despacio	rico
caro	malo
suave	corto

☐ **el tabaco** *(tah-bah-koh)* .... tobacco
☐ **la tarifa** *(tah-ree-fah)* .... tariff, fare
☐ **el taxi** *(tah-see)* .... taxi
☐ **el té** *(teh)* .... tea
☐ **el teatro** *(teh-ah-troh)* .... theater

Step 17

(vee-ah-har)
Viajar, Viajar, Viajar
travel

¡Ayer a Madrid!　　　**¡Hoy a Toledo!**　　　**¡Mañana a Burgos!**

¡El lunes en Valencia!　　**¡El miércoles en Granada!**　　**¡El viernes en Sevilla!**

Depending on which Spanish-speaking country and area you visit, traveling **puede** range

(eh-seh-len-teh)　*(een-teh-reh-sahn-teh)*
from **excelente** to **"interesante."** **¿Cómo puede usted viajar?**

(vee-ah-hah)
Pedro viaja por coche.
travels

Anita viaja por tren.

Maria viaja por avión.

Juan viaja por barco.

(see-oo-dahd)
En la ciudad, Ana viaja por bicicleta.
city

(kam-poh)
En el campo, José viaja por autobús.
country

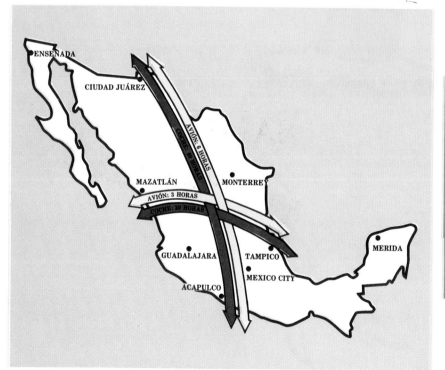

¿**Ve** usted el mapa a la
see

izquierda? Eso es Méjico.

(doo-rah)
Dura solamente seis horas
it takes

del norte al sur con el

avión y cuarenta horas con

el coche. Bueno, ¿no? ¡Sí!

☐ **el telegrama** *(teh-leh-grah-mah)* . . . . telegram
☐ **terminal** *(tair-mee-nahl)* . . . . terminal
　　—**Él tiene una enfermedad** (sickness) **terminal.**
☐ **la televisión** *(teh-leh-vee-see-ohn)* . . . . . . television
☐ **el teléfono** *(teh-leh-foh-noh)* . . . . telephone

_____

_____

_____

_____

The **palabra** for "trip" is taken from the **palabra "viajar,"** which makes it easy:

(vee-ah-heh)
viaje. So, **cuando usted hace un viaje, usted viaja.** Here are some other useful words.
trip   make   travel

Viaje por avión
trip

Viaje por tren

Viaje por coche

Viaje por barco

(ah-hen-see-ah)
La agencia de viaje

(mah-leh-tah)
La maleta para el viaje
suitcase

(een-for-mah-see-ohn)
La información para el viaje
information

Debajo están some basic signs which **usted** should **también** learn to recognize quickly.

¿Puede usted recognize the **palabras "entrar"** y **"salir"** en estas palabras?

(en-trah-dah)
La entrada_____
entrance

(preen-see-pahl)
La entrada principal_____
main

(proh-hee-bee-dah)
Entrada prohibida_____
prohibited

(sah-lee-dah)
La salida *la salida*
exit

La salida principal_____

SALIR

ENTRADA

(pah-soh)
¡Prohibido el paso!_____
passage

(oor-hen-see-ah)
Salida de urgencia _____
urgency (emergency)

☐ **la temperatura** *(tem-peh-rah-too-rah)* . . . temperature		_____
☐ **típico** *(tee-pee-koh)* . . . . typical		_____
☐ **total** *(toh-tahl)* . . . . total		_____
☐ **trágico** *(trah-hee-koh)* . . . . tragic		_____
☐ **el tomate** *(toh-mah-teh)* . . . . tomato		_____

71

Remembering that the **palabra para** travel **es "viaje,"** let's learn the following **palabras** as well.

el viajero *(vee-ah-heh-roh)* _el viajero_   ¡buen viaje! _____
traveler

el viaje de placer *(plah-sair)* _____
pleasure

Aquí están cuatro opposites **importantes.**

DE MADRID A BARCELONA			
(par-tee-dah) **Partida** departure	**Número de tren**	*(yeh-gah-dah)* **Llegada** arrival	*(noh-tas)* **Notas** notes
8:20	TER 86	5:40	🛏✕ 🚌☎
10:00	TER 10	7:00	✕
2:14	TER 199	10:20	✕🚌
10:30	TER 210	8:40	

la llegada *(yeh-gah-dah)* _____
arrival

la partida *(par-tee-dah)* _____
departure

extranjero *(es-tran-heh-roh)* _____
foreign

del país *(pah-ees)* _del país_
of the country (domestic)

Let's learn the basic travel **verbos.** Follow the same pattern **usted** did in previous Steps.

volar *(voh-lar)* = to fly

volar

aterrizar *(ah-teh-rree-sar)* = to land

reservar *(reh-sair-vair)* = to reserve/ to book

llegar *(yeh-gar)* = to arrive

partir *(par-teer)* = to leave

estar sentado *(sen-tah-doh)* = to be seated

subir *(soo-beer)* = to climb into/ to board

bajar *(bah-har)* = to get out/ to disembark

cambiar de tren *(kahm-bee-ar)* = to transfer (trains)

☐ **tranquilo** *(trahn-kee-loh)* . . . . tranquil, quiet
☐ **el termómetro** *(tair-moh-meh-troh)* . . . . thermometer
☐ **transparente** *(trahns-pah-ren-teh)* . . . . . . transparent
☐ **transportar** *(trahns-por-tar)* . . . . to transport
☐ **el tren** *(trehn)* . . . . train

Con estos verbos, usted está ready for any **viaje** anywhere. Using the "plug-in" formula for **verbos** which **usted** have drilled previously, translate the following thoughts into **español**. The answers **están debajo**.

1. I fly to Buenos Aires. _____

2. I transfer in Bogata. _____

3. We land in Acapulco. _____

4. He sits in the airplane. *Él está sentado en el avión.*

5. She reserves the trip to America. _____

6. They travel to Caracas. _____

7. Where is the train to Madrid? _____

8. How can I fly to Spain? With Pan Am or with Iberia? _____

_____

Aquí están más palabras nuevas para el viaje. As always, write out **las palabras y** practice the sample sentences out loud.

(es-tah-see-ohn)
la estación de tren
station

(tair-mee-nahl)
la estación terminal
terminal

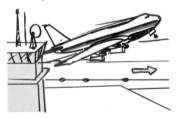

(ah-eh-roh-pwair-toh)
el aeropuerto
airport

el aeropuerto

_____ _____ _____
Perdóneme. ¿Dónde está la estación de tren?   **Perdóneme. ¿Dónde está la estación terminal?**   **Perdóneme. ¿Dónde está el aeropuerto?**

ANSWERS

1. Yo vuelo a Buenos Aires.
2. Yo cambio (de tren, de avión) en Bogota.
3. Nosotros aterrizamos en Acapulco.
4. Él está sentado en el avión.
5. Ella reserva el viaje a América.
6. Ellos viajan a Caracas.
7. ¿Dónde está el tren a Madrid?
8. ¿Cómo puedo yo volar a España? ¿Con Pan Am o con Iberia?

73

La oficina de cambio
exchange (money)

OFICINA DE CAMBIO

PESOS	YEN
£	DM
$	

_____

Perdóneme. ¿Dónde está la oficina de cambio?

La oficina de objetos perdidos
(ohb-heh-tos) (pair-dee-dos)
objects   lost

OFICINA DE OBJETOS PERDIDOS

_____

Perdóneme. ¿Dónde está la oficina de objetos perdidos?

El horario
(oh-rah-ree-oh)
timetable

DE MADRID A BARCELONA			
(par-tee-dah) **Partida** *departure*	**Número de tren**	*(yeh-gah-dah)* **Llegada** *arrival*	*(noh-tas)* **Notas** *notes*
8:20	TER 86	5:40	🚭✗🛏☎
10:00	TER 10	7:00	✗
2:14	TER 199	10:20	✗🛏
10:30	TER 210	8:40	

el horario

Perdóneme. ¿Dónde está el horario?

(oh-koo-pah-doh)
ocupado _____
occupied

(kohm-par-tee-mee-en-toh)
el compartimiento _____
compartment

(ah-see-en-toh)
el asiento *el asiento*
seat

¿Está este asiento ocupado? _____
this

¿Está este compartimiento ocupado? _____

Practice writing out the following **preguntas.** It will help you **más tarde.**
(tar-deh)
later

Perdóneme. ¿Dónde está el excusado? _____

Perdóneme. ¿Dónde está el compartimiento nueve? _____

_____

¿Dónde está la sala de espera? _____
room   waiting *(es-peh-rah)*

¿Dónde está el tablero ocho? *¿Dónde está el tablero ocho?*

¿Está prohibido fumar? _____
it is   to smoke *(foo-mar)*

☐ **el triángulo** *(tree-ahn-goo-loh)* .... triangle _____
☐ **Turquía** *(toor-kee-ah)* .... Turkey _____
☐ **triunfante** *(tree-oon-fahn-teh)* .... triumphant _____
☐ **trivial** *(tree-vee-ahl)* .... trivial _____

☐ **la trompeta** *(trohm-peh-tah)* .... trumpet _____

Increase your travel **palabras** by writing out **las palabras debajo y** practicing the sample sentences out loud.

a _____ **de** _____
¿Dónde está el tren a Madrid?   ¿Cuándo viene el avión de Mazatlán?

la vía _(vee-ah)_ _____   **el andén** _(ahn-dehn)_ *el andén* _____
track   El tren sale de la vía ocho.   platform   El tren llega al andén cinco.
departs   arrives

Practice these **palabras** every **día**. **Usted** will be surprised how **frecuentemente usted** _(freh-kwen-teh-men-teh)_
frequently

will use them. **¿Puede usted leer las frases siguientes?** _(frah-ses)_
phrases

Usted está sentado en el avión y usted vuela a España. Usted have **cambiado dinero** (you
exchanged

have, haven't you?), **usted tiene los billetes y el pasaporte, y usted** have packed **las** _(pah-sah-por-teh)_
passport

maletas. Usted es ahora turista. **Usted aterriza mañana a las 11:45 en España.** _(too-rees-tah)_
tourist   land

¡Buen viaje! ¡Buena suerte!

Ahora, usted have **llegado y usted** head for the **estación de tren** in order to get to your
arrived

final destination. **Trenes españoles** come in many shapes, sizes **y** speeds. **Hay el tren**

correo (muy despacio), el tren expreso (rápido) y el TER tren (muy rápido). Some **trenes** _(es-preh-soh)_ _(tair)_
mail (local)   express

tienen un coche-comedor y some **trenes tienen un coche-cama.** All this will be indicated
car   dining   car   bed (sleeper)

on the **horario de trenes,** but remember, **usted sabe también cómo** to ask **cosas** like this.
know

Practice your possible **combinaciones de preguntas** by writing out the following samples. _(kohm-bee-nah-see-oh-nes)_
combinations

¿Tiene el tren un coche-comedor? _____

¿Tiene el tren un coche-cama? *¿Tiene el tren un coche - cama?*

☐ **tropical** _(troh-pee-kahl)_ . . . . tropical   _____
☐ **el tumulto** _(too-mool-toh)_ . . . . tumult   _____
☐ **el túnel** _(too-nel)_ . . . . tunnel   _____
☐ **el turista** _(too-rees-tah)_ . . . . tourist   _____
☐ **el tutor** _(too-tor)_ . . . . tutor   _____   75

What about inquiring about **precios?** **Usted puede** ask **eso también.**

¿Cuánto cuesta el viaje a Barcelona? _____

(ee-dah)
ida *ida*
going (one-way)

(vwel-tah)
ida y vuelta _____
going and returning (round-trip)

¿Cuánto cuesta el viaje a Sevilla? _____

¿Cuánto cuesta el viaje a Lisboa? _____

¿Solamente ida o ida y vuelta? _____

What about **llegada y partida** times? ¡**Usted puede preguntar** eso también!
        arrival   departure   (preh-goon-tar)
                                                      ask

¿Cuándo parte el avión para Roma? *¿Cuando parte*

¿Cuándo parte el tren para Burgos? _____

¿Cuándo llega el avión de Londres? _____

¿Cuándo llega el tren de Valencia? _____

Usted have **llegado** a España. Usted está ahora en la estación de tren. ¿Dónde quiere
                  arrived

usted to go? Well, tell that to the person at the **ventanilla** selling **billetes!**

Yo quiero viajar a Heidelberg. _____

Yo quiero viajar a Malaga. _____

Nosotros queremos viajar a Salzburgo. _____

¿Cuándo parte el tren para Acapulco? _____

¿Cuánto cuesta un billete a Acapulco? _____

Yo quiero un billete a Acapulco. _____

(pree-meh-rah) (klah-seh)
primera clase *primera clase*
first   class

(seh-goon-dah) (klah-seh)
segunda clase _____
second

¿Ida o ida y vuelta? _____

¿Tengo yo que cambiar de tren? _____ **Gracias.** _____

Con esta práctica, usted está off y running. **Estas palabras de viaje** will make your
                                                                     these

holiday twice as enjoyable y at least three times as easy. Review **estas palabras nuevas** by

76 doing the crossword puzzle **en la página 77.** Practice drilling yourself on this Step by

selecting other locations **y** asking your own **preguntas** about **trenes, autobuses, o aviones** that go there. Select **palabras nuevas** from your **diccionario y** practice asking **preguntas** that **comienzan con**

| DÓNDE | CUÁNDO | CUÁNTO CUESTA |

begin

o making statements like **Yo quiero viajar a Ciudad Méjico. Yo quiero comprar un billete.**

ACROSS

3. bill
11. restaurant
16. left
19. to wash
24. it is
27. east
28. monetary unit of **Méjico**
34. we
36. suitcase
39. the
42. (he/she) walks
43. nothing
44. twenty
49. a
50. of the
53. cloth
56. ocean
61. the

DOWN

1. information
2. (I) want
4. to live
5. ladies
6. fish
8. to work
12. time, weather
19. (they) read
25. to begin
26. to stay
29. it
30. living room
35. object
38. train
42. to go
44. return
51. in
52. local
57. calm

ANSWERS TO CROSSWORD PUZZLE

ACROSS

3. cuenta
11. restaurante
16. izquierda
19. lavar
24. es
27. este
28. pesos
34. nosotros
36. maleta
39. el
42. anda
43. nada
44. veinte
49. un
50. del
53. paño
56. océano
61. las

DOWN

1. información
2. quiero
4. vivir
5. damas
6. pez
8. trabajar
12. tiempo
19. leen
25. comenzar
26. quedar
29. es
30. sala
35. objeto
38. tren
42. andar
44. vuelta
51. en
52. local
57. calma

Step 18

La Carta *(kar-tah)*
menu

Usted está ahora en Madrid (o Bogotá o Lima) y usted tiene un cuarto en un hotel. ¿Y

ahora? Usted tiene hambre. *(ahm-breh)* **Usted quiere comer. ¿Dónde está un restaurante bueno?**
hunger   to eat

First of all, **hay** different types of places to eat. Let's learn them.

el restaurante =	exactly what it says, with a variety of meals
el café =	a coffee house with snacks **y** beverages
la fonda/el parador *(fohn-dah) (pah-rah-dor)* =	an inn with a full range of meals. In **España** especially, several places of historic interest have been preserved and converted into **paradores,** so you often get history, scenery and good food!
la cantina/la taverna *(kahn-tee-nah) (tah-vair-nah)* =	a bar — but wait! Most bars have a large variety of hot and cold snacks (called **tapas**) *(tah-pas)* which can be combined for an interesting and flavorful meal.

Try all of them. Experiment. **Usted encuentra ahora un restaurante bueno. Usted**
find

entra en el restaurante y usted encuentra un asiento. Sharing **mesas con** others **es** a

common **y muy** pleasant custom **en Europa.** If **usted ve** a vacant **silla,** just be sure
see   *(see-yah)* chair

to first ask

Perdóneme. ¿Está este asiento ocupado?
this   occupied

If **usted necesita una carta,** catch the attention of the **camarero y** say

¡La carta, por favor!

☐ **último** *(ool-tee-moh)* . . . . ultimate, last
☐ **el uniforme** *(oo-nee-for-meh)* . . . . uniform
☐ **la unión** *(oo-nee-ohn)* . . . . union
☐ **la universidad** *(oo-nee-vair-see-dahd)* . . . university
☐ **urbano** *(oor-bah-noh)* . . . . urban

En España, Méjico y los países sudamericanos, hay tres main meals to enjoy
(pah-ees-es)
countries

every day.

(deh-sah-yoo-noh) **el desayuno**	=	breakfast	**En hoteles y pensiones,** this meal usually consists of coffee or tea, rolls, butter and marmalade.
(ahl-mwair-soh) **el almuerzo**	=	lunch	Generally served from 12 to 15:00, followed by a **siesta** period of quiet. Shops close down, to reopen around 15:00 or 16:00.
(koh-mee-dah) **la comida**	=	dinner	Generally served from 20:00 to midnight. **Usted** may have to hunt for a place that is open when your stomach tells you it's time to eat!

If **usted** look around you **en un restaurante, usted** will **ver** that some **costumbres españoles**
(kos-toom-bres)
see   customs

son diferentes from ours. Before starting **la comida, usted** always wish **la gente**
people

in your party **o** those sharing your **mesa** **"¡Buen provecho!"** Before clearing the
(proh-veh-choh)
good   appetite

platos, el camarero will ask **"¿Le ha gustado?"** **Él** is asking if **usted** enjoyed
(goos-tah-doh)

your **comida y** if it tasted good. A smile **y a "Sí, muchas gracias"** will tell him that you

enjoyed it.

Ahora, it may be **desayuno** time **en** Denver, but **usted está en España y son las ocho por**

la noche. Most **restaurantes españoles** post **la carta** outside. Always read it before

entering so **usted sabe** what type of **comidas y precios usted** will encounter inside. Most
know

restaurantes offer **un cubierto o un plato del día.** This is a complete meal at a fair
(koo-bee-air-toh)
special meal of the day   dish

precio. In addition, **hay** all the following main **categorías en la carta.**
(kah-teh-goh-ree-as)
categories

☐ **urgente** *(oor-hehn-teh)*............... urgent   _____
☐ **usar** *(oo-sar)*........................ to use   _____
☐ **usual** *(oo-soo-ahl)*................... usual   _____
☐ **el utensilio** *(oo-ten-see-lee-oh)*......... utensil   _____
☐ **la utilidad** *(oo-tee-lee-dahd)*.......... utility   _____

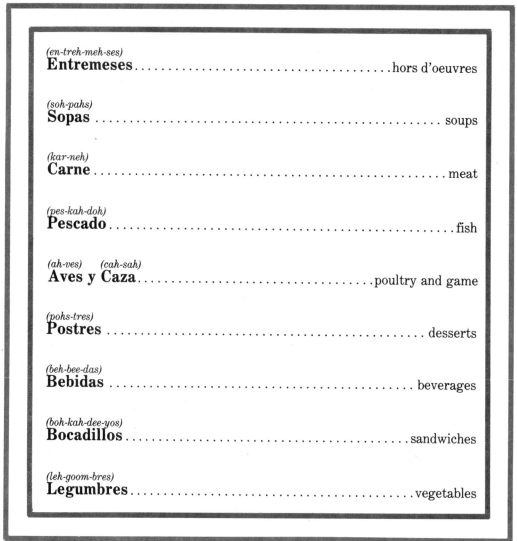

(en-treh-meh-ses)
Entremeses . . . . hors d'oeuvres

(soh-pahs)
Sopas . . . . soups

(kar-neh)
Carne . . . . meat

(pes-kah-doh)
Pescado . . . . .fish

(ah-ves)   (cah-sah)
Aves y Caza . . . . poultry and game

(pohs-tres)
Postres . . . . desserts

(beh-bee-das)
Bebidas . . . . beverages

(boh-kah-dee-yos)
Bocadillos . . . . sandwiches

(leh-goom-bres)
Legumbres . . . . vegetables

Most **restaurantes también** offer *(es-peh-see-ah-lee-dah-des)* **especialidades de la casa o** specific meals prepared
specialties

according to the *(reh-hee-ohn)* **región — a la Catalana,** for example. If **usted** happen to be traveling
region

con niños, look for the *(por-see-oh-nes)* **porciones para niños.** Or for that matter, look for the **platos**
portions

(reh-koh-men-dah-dos) **recomendados. Ahora** for a preview of delights to come . . . At the back of this **libro,**
recommended

usted encuentra una sample **carta española. Lee usted la carta hoy y aprende usted**
read

las palabras nuevas. When **usted** are ready to leave on your **viaje,** cut out **la carta,** fold

it, carry it in your pocket, wallet **o** purse. **Usted** can **ahora** go in any **restaurante y** feel

prepared! (May I suggest studying **la carta** after **y** not before **usted** have eaten!)

☐ **la vacación** *(vah-kah-see-ohn)* . . . . vacation
☐ **la vacante** *(vah-kahn-teh)* . . . . vacancy
☐ **el vagabundo** *(vah-gah-boon-doh)* . . . . . . vagabond
☐ **la vainilla** *(vi-nee-yah)* . . . . vanilla
☐ **válido** *(vah-lee-doh)* . . . . valid

In addition, learning the following should help you to identify what kind of meat **o** poultry

usted pide y cómo it will be prepared.
order

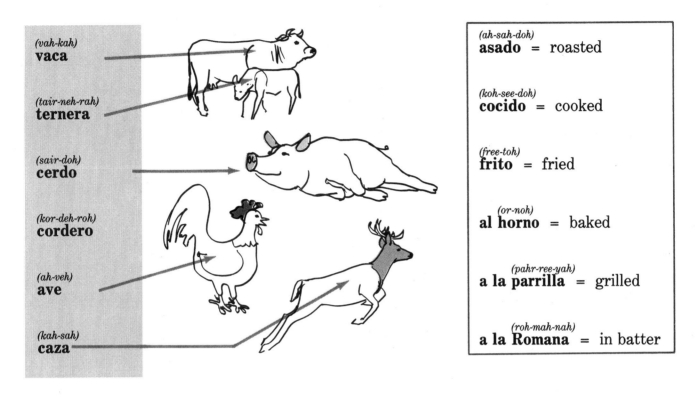

(vah-kah)
vaca

(tair-neh-rah)
ternera

(sair-doh)
cerdo

(kor-deh-roh)
cordero

(ah-veh)
ave

(kah-sah)
caza

(ah-sah-doh)
asado = roasted

(koh-see-doh)
cocido = cooked

(free-toh)
frito = fried

(or-noh)
al horno = baked

(pahr-ree-yah)
a la parrilla = grilled

(roh-mah-nah)
a la Romana = in batter

Usted también will get **legumbres con** your **comida, y una ensalada mixta.** **Un día** at an
(leh-goom-bres) *(mees-tah)* mixed

open-air **mercado** will teach you **los nombres** for all the different kinds of **legumbres**
(mair-kah-doh) *(nohm-bres)*
market names

y frutas, plus it will be a delightful experience for you. **Usted puede** always consult
(froo-tas) can
fruits

your menu guide at the back of this **libro** if **usted** forget **los nombres correctos.** **Ahora**

usted have decided **que usted quiere comer y el camarero viene.**

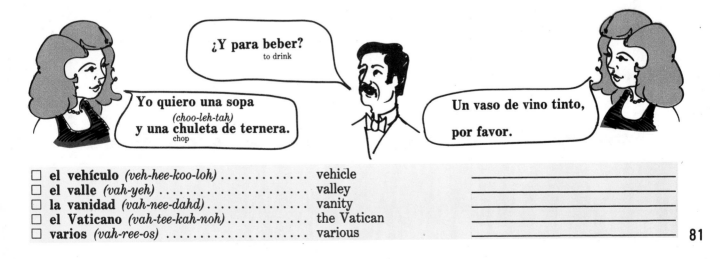

¿**Y para beber?**
to drink

Yo quiero una sopa
(choo-leh-tah)
y una chuleta de ternera.
chop

Un vaso de vino tinto,

por favor.

☐ **el vehículo** *(veh-hee-koo-loh)* . . . . vehicle _____
☐ **el valle** *(vah-yeh)* . . . . valley _____
☐ **la vanidad** *(vah-nee-dahd)* . . . . vanity _____
☐ **el Vaticano** *(vah-tee-kah-noh)* . . . . the Vatican _____
☐ **varios** *(vah-ree-os)* . . . . various _____

81

Don't forget about treating yourself to **un postre.** *(poh-streh)* dessert **Usted no quiere** to miss out on trying the following desserts.

(koh-pah) *(eh-lah-doh)*
una copa de helado
bowl   ice cream

(flahn)
flan
caramel custard

(pee-hah-mah)
pijama
cake with custard, fruit and ice cream

(mahn-sah-nas) *(reh-yeh-nas)*
manzanas rellenas
baked apples stuffed with cinnamon and sugar

After completing your **comida,** call **el camarero** y pay just as **usted** have already learned in Step 16:

La cuenta, por favor.

Debajo está a sample **carta** to help you prepare for **su viaje.**
your trip

RESTAURANTE LA HACIENDA

ENTREMESES	Pesos
Entremeses de la casa (selection of cold cuts)	85
Melón con jamón serrano (melon with smoked ham)	75
Coctel de langosta (lobster cocktail)	90
Coctel de mariscos (seafood cocktail)	80
Almejas al natural (clams)	80

SOPAS

Gazpacho (cold vegetable soup)	40
Consommé (consommé)	20
Crema reina (cream-of-chicken soup)	40

PLATOS

Solomillo con champiñones (sirloin with mushrooms)	160
Biftec (beefsteak)	130
Ternera asada (roast veal)	150
Escalope de ternera empanada (breaded veal cutlet)	150
Ternera jardinera (veal with vegetables)	155
Riñones al jerez (kidneys in a sherry sauce)	135
Chuletas de cerdo (pork chops)	125
Lomo relleno (pork loin stuffed with cheese)	140
Chuletas de ternasco (baby lamb chops)	155
Cordero asado (roast lamb)	150

Pollo asado (roast chicken)	120
Conejo con ajo (rabbit with garlic)	135
Perdiz al jerez (partridge in a sherry sauce)	175

POSTRES

Copa de helado con nata (ice cream with whipped cream)	35
Torta de chocolate (chocolate cake)	45
Flan (caramel custard)	50

BEBIDAS

Vino de mesa (table wine)	15
Cerveza (beer)	10
Jugo de naranja fresca (fresh orange juice)	20
Jugo de manzana (apple juice)	18
Jugo de tomate (tomato juice)	15
Agua mineral (mineral water)	15
Café corto (espresso coffee)	10
Café cortado (espresso with steamed milk)	18
Café con leche (half coffee, half milk)	20

Todos los platos vienen acompañados por una ensalada mixta, legumbres y patatas. (All dishes come with a mixed salad, vegetables and potatoes.)

Incluidos impuestas y servicios. (Taxes and service charges are included.)

☐ **la víctima** *(veek-tee-mah)* .... victim
☐ **el violín** *(vee-oh-leen)* .... violin
☐ **el vinagre** *(vee-nah-greh)* .... vinegar
☐ **el vino** *(vee-noh)* .... wine
☐ **visitar** *(vee-see-tar)* .... to visit

El desayuno es un poco diferente because **es** fairly standardized **y usted** will frequently
it is
take it at your **pensión** *(pehn-see-ohn)* as **el desayuno está incluído** *(een-kloo-ee-doh)* **en el precio del cuarto.** Debajo
included

está a sample of what **usted puede** expect to greet you **en la mañana.**

Desayuno 1 . . . . 50 pesos

1 taza café, té o chocolate
pan y panecillos *(pah-neh-see-yos)*
rolls
mantequilla y mermelada

Desayuno 2 . . . . 70 pesos

1 taza café, té o chocolate

pan y panecillos, mantequilla y

mermelada, y jugo de naranja

Desayuno 3 . . . . 85 pesos

1 taza café, té o chocolate

pan y panecillos, mantequilla y mermelada

jugo de naranja

1 huevo pasado por agua

Adiciones al Desayuno

1 huevo pasado por agua . . . . 15 pesos

jugo de naranja, tomate o toronja . . . . 20 pesos

1 curasán *(koo-rah-san)* . . . . 8 pesos
croissant

- ☐ **el visado** *(vee-sah-doh)* . . . . visa
- ☐ **la visita** *(vee-see-tah)* . . . . visit
- ☐ **el zodíaco** *(zoh-dee-ah-koh)* . . . . zodiac
- ☐ **la zona** *(zoh-nah)* . . . . zone
- ☐ **la zoología** *(zoh-oh-loh-hee-ah)* . . . . zoology

Step 19

¿Qué es diferente about **el teléfono en Sudamérica, Méjico o España?** Well, **usted** never notice such things until **usted quiere** to use them. **Teléfonos** allow you to reserve **cuartos en hoteles en** another **ciudad,** call **amigos,** *(ah-mee-gos)* reserve **billetes de teatro, de** city friends **ballet, o de concierto,** make calls **de urgencia,** check on the hours of **un museo,** rent **un coche, y** all those other **cosas** which **nosotros hacemos** on a daily basis. It **también** do gives you a certain amount of freedom — **usted puede hacer** your own calls. can make

Having **un teléfono en su casa no es** as **común** anywhere **en Sudamérica, Méjico o Europa** *(soo)* *(koh-moon)* your common as **en América.** That means **usted puede encontrar cabinas de teléfono** — **teléfonos** *(kah-bee-nas)* find booths *(poo-blee-kos)* **públicos** — everywhere. public

Esto es una cabina de teléfono.
booth

So far, so good. **Ahora,** let's read the *(een-strook-see-oh-nes)* **instrucciones** for using **el teléfono.** instructions **Ésto es uno de esos momentos cuando** those **usted** realize,

Yo no estoy en América ahora.

So let's learn how to operate **el teléfono.**

The **instrucciones** look **complicadas** (kohm-plee-kah-das) / complicated but actually are not — some of these **palabras usted** should be able to recognize already. Let's learn the others. Here's how the **instrucciones** might go.

TELÉFONO PÚBLICO

Llamadas locales y de larga distancia
calls

No telegramas, no llamadas al extranjero (es-trahn-heh-roh) / foreign

Descolgar el auricular
pick up · receiver

Echar por lo menos 2 pesos
throw in · at · least

Marcar el número
dial

No olvidar el número del prefijo para llamadas de larga distancia
forget · prefix

Colgar el auricular al completar la llamada
hang up · receiver · at · completing

Números de urgencia:

Policía _____ 101
police

Incendio _____ 102
fire

Médico _____ 103
doctor

Información _____ 104

Eso wasn't so **difícil,** was it? Just to keep you on your toes, here's a fast review quiz
that

de palabras de cortesía. (kohr-teh-see-ah) / courtesy We've added one — "you're welcome" translates literally as

"of nothing," meaning "it was nothing." Can you guess it? Draw **líneas entre las**

palabras inglesas y españolas.

good-bye	**buenos días**
please	**gracias**
you're welcome	**adiós**
thanks	**de nada**
many thanks	**por favor**
good evening	**perdóneme**
good morning	**buenas noches**
pardon me	**muchas gracias**

So **ahora usted sabe** (sah-beh) **como hacer una llamada, y como hablar con cortesía** to the operator.

But **qué dice usted cuando usted** finally get through to your party? The **persona** who answers the **teléfono** may **decir "Alo,"** or his name **"Juan Mendoza."** But what if he answers with the command **"Diga"**? Or he may be as likely to demand **"¿Con quién?"** **cuando él** picks up the **auricular,** (which is short for **"¿Con quién hablo yo?"** — "With whom am I speaking?"). Don't get flustered, **él** is not being impolite, just tell him slowly **y** clearly what **usted quiere.**

Teléfono customs are not always the same! If **usted** ask to speak to **Señor Martinez** without giving your name, you may hear the person on the other end ask **"¿De parte de quien?"** or, more to the point, **"¿Quién llama?"**

When saying good-bye, you have a choice: **"Hasta lluego"** (ahs-tah) or **"Hasta mañana."** (ahs-tah) **Ahora,** **aquí están** some sample **conversaciones por teléfono.** Write them in the blanks **debajo.**

Yo quiero llamar al Museo Nacional. (nah-see-oh-nahl) _____

Yo quiero llamar a Chicago. _____

Yo quiero llamar a la Señora Martínez en Acapulco. _____

Yo quiero llamar Pan America en Ciudad Méjico. _____

Yo quiero llamar a un médico. _____

¿Dónde está la cabina de teléfono? _____

¿Dónde está la guía telefónica? _____

Mi número es 67598. (mee) _____

¿Cuál es el número? _____

86 **Aquí está** another **conversación posible.** Listen to the **palabras y como ellas** are used.

María: **Buenos días. Aquí Maria Mendoza. Yo quiero hablar con el Señor Galdés, por favor.**

Secretaria: **Un momento. Lo siento. Su teléfono está ocupado.**
I am sorry · his · busy

María: *(reh-pee-tah)* **Repita usted eso por favor. Yo hablo solamente un poco español.**
repeat · only · a · little

Hable usted por favor más despacio.
slower

Secretaria: **Lo siento. El teléfono está ocupado.**

María: **Oh. Muchas gracias. Adiós.**

(poh-see-bee-lee-dahd)
Y una posibilidad más . . .
more

Christina: **Yo quiero información sobre Caracas, por favor. Yo quiero el número**
about

de teléfono allí del Doctor Juan Sánchez Domínguez.
there

Información: **El número es 782-4242.**

Christina: **Repite eso, por favor.**

Información: **El número es 782-4242.**

Christina: **Muchas gracias. Adiós.**

TELÉFONO

Usted está ahora ready to use any **teléfono en Sudamérica, Méjico o España.** Just take it **muy despacio y** speak clearly.

Don't forget that **usted puede preguntar. . .**
ask

¿Cuánto cuesta una llamada local?

¿Cuánto cuesta una llamada a América?

¿Cuánto cuesta una llamado local? _____

¿Cuánto cuesta una llamada de larga distancia a Mazatlán?
long
distance

¿Cuánto cuesta una llamada de larga distancia a Buenos Aires?

_____ _____

Don't forget that **usted necesita cambio para el teléfono!**
change

87

Step 20

El metro es el nombre español para the subway. **Las ciudades grandes en España, Méjico y Sudamérica tienen un metro** just like **las ciudades grandes en América. Usted** will find **un metro en las ciudades grandes** like **Madrid, Barcelona, Ciudad Méjico y Buenos Aires. Las ciudades más pequeñas solamente tienen una tranvía,** or what we call a streetcar.
smaller

Both **el metro y la tranvía son modos** *(moh-dos)* **rápidos y fáciles** *(fah-see-les)* to travel. **¿Cuáles** *(kwah-les)* **palabras**
ways   simple   which

tiene usted que saber *(sah-bair)* **para el metro o la tranvía?** Let's learn them by practicing
to know

them aloud **y luego** by writing them in the blanks **debajo.**

el metro   **el tranvía**   **el autobús**

_____   _____   _____

la parada *(pah-rah-dah)* = the stop _____

la línea *(lee-neh-ah)* = the line _____ *la línea* _____

el conductor *(kohn-dook-tor)* = the driver _____

el cobrador *(koh-brah-dor)* = the conductor _____

Let's also review the "transportation" **verbos** at this point.

subir *(soo-beer)* = to get in/to board

_____ *subir* _____

bajar *(bah-har)* = to get out/to disembark

_____

cambiar (de tranvía, de línea) *(kahm-bee-ar)* = to transfer

viajar *(vee-ah-har)* = to travel

Mapas displaying the various **líneas y paradas están** generally posted outside every

(en-trah-dah)
entrada al metro. Normally **el horario está** available at **una Oficina de Información y**
entrance   to the   *(oh-rah-ree-oh)*
                                                              schedule

(too-rees-moh)   *(ah-hen-see-ah)*   *(kee-ohs-koh)*
Turismo, o possibly an **agencia de viajes, o** even a **kiosco.** Just as **en América, las líneas**
tourism   travel agency   newsstand

son frequently color-coded to make the **horario muy fácil** to **entender.** Other than having
                                          schedule   *(en-ten-dair)*
                                                                        understand

foreign **palabras, los metros allí son** just like **los metros americanos.** Check the **nombre**
                                    there

of the last **parada** on the **línea** which you should take **y** catch the **metro** traveling in that
            stop

direction. The same applies for the **tranvía.** See **el mapa debajo.**

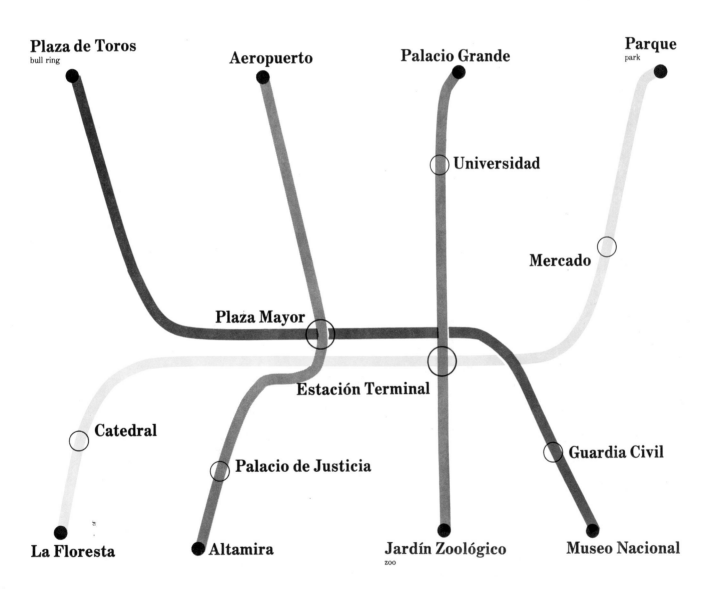

The same basic set of **palabras y preguntas** will see you through traveling **con el autobús,**

con el metro, con el tranvía o even **con el tren.**

Naturally, **la primera pregunta es "dónde":**

(pree-meh-rah) first

> **¿Dónde está la parada de metro?**
>
> **¿Dónde está la parada de tranvía?**
>
> **¿Dónde está la parada de autobús?**

Practica the following basic **preguntas** out loud **y luego** write them in the blanks **a la derecha.**

---

1. **¿Dónde está la parada de metro?** _____

   ¿Dónde está la parada de tranvía? _____

   ¿Dónde está la parada de autobús? _____

2. **¿Cuántas veces viene el metro?** *¿Cuántas veces viene el metro?*

   (veh-ses) how often   comes

   ¿Cuántas veces viene el tranvía? _____

   ¿Cuántas veces viene el autobús? _____

3. **¿Cuándo viene el metro?** _____

   ¿Cuándo viene el tranvía? _____

   ¿Cuándo viene el autobús? _____

4. **¿Va el metro al Museo Nacional?** *¿Va el metro al Museo Nacional?*

   (vah) goes

   ¿Va el tranvía al Museo Nacional? _____
   goes

   ¿Va el autobús al Museo Nacional? _____

5. **¿Cuánto cuesta un billete para el metro?** _____

   ¿Cuánto cuesta un billete para el tranvía? _____

   ¿Cuánto cuesta un billete para el autobús? _____

Ahora that **usted** are in the swing of things, **practica** the **siguientes** patterns aloud,

following

90 substituting **"tranvía"** for **"metro" y** so on.

¿Dónde compro yo un billete para el metro? **¿para el tranvía?** **¿para el autobús?**

2. **¿Cuándo va el metro a la Floresta?** *(floh-res-tah)* **¿a la Universidad?** *(oo-nee-vair-see-dahd)* **¿a la Plaza de Toros?** *(plah-sah)*
goes · woods · bullring

   ¿a la Plaza Mayor? *(mah-yor)* **¿al Jardín Zoológico?** *(zoh-oh-loh-hee-koh)* **¿a la Catedral?** *(kah-teh-dral)* **¿al Parque?** *(par-keh)*
major · park

3. **¿Dónde está la parada para el metro a la Floresta?**
woods

   ¿Dónde está la parada para el tranvía a la Universidad?

   ¿Dónde está el autobús para la Plaza de Toros?

   ¿Dónde está la parada para el metro para la Plaza Mayor?

   ¿Dónde está la parada para el tranvía al Jardín Zoológico?

   ¿Dónde está la parada para el autobús a la Catedral?

   ¿Dónde está la parada para el metro al Parque?

Lea usted *(lee-ah)* the following **conversación típica** *(tee-pee-kah)* **y luego escribe usted la conversación** in the
read · typical · write

blanks **a la derecha.**

¿Qué línea va al Museo Nacional? *(keh)* _____
goes

El metro línea roja va al Museo Nacional. _____

¿Cuántas veces va el metro línea roja? _____

Cada diez minutos. *(kah-dah)* _____Cada diez minutos._____
every

¿Tengo yo que cambiar de línea? _____

Sí, en la Plaza Mayor. Usted cambia de línea en la parada "Plaza Mayor."
at

_____

¿Cuánto tiempo dura de aquí al Museo Nacional? _____
lasts

Dura 20 minutos. *(doo-rah)* _____Dura 20 minutos._____
it lasts

¿Cuánto cuesta un billete al Museo Nacional? _____

Cuesta 25 pesos. _____
it costs

Puede usted translate the following thoughts into **español?** **Las respuestas están debajo.** *(res-pwes-tas)* answers

1. Where is the subway stop? _____

2. What costs a ticket to the cathedral? _____

3. How often goes the yellow line to the woods? _____

4. Where buy I a ticket to the main plaza? _____

5. Where is the streetcar stop? _____

6. I would like to get out. *Yo quiero bajar.*

7. Must I transfer? _____

8. Where must I transfer? _____

Aquí están tres verbos más.

(lah-var) **lavar** = to wash   *(pair-dair)* **perder** = to lose   *(doo-rar)* **durar** = to last

lavar _____   _____   _____

Yo lavo el coche.   **Yo pierdo el billete.**   **El concierto dura dos horas.**

Usted know the basic "plug-in" formula, so translate the following thoughts **con** these **verbos nuevos.** **Las respuestas están debajo también.** *(res-pwes-tas)* answers

1. She washes the jacket. *Ella lava la chaqueta.*

2. You lose the book. _____

3. The trip takes (lasts) 20 minutes to the National Museum. _____

4. The trip takes three hours with a car. _____

LAS RESPUESTAS

1. ¿Dónde está la parada de metro?
2. ¿Cuánto cuesta un billete a la Catedral?
3. ¿Cuántas veces va la línea amarilla a la Floresta?
4. ¿Dónde compro yo un billete a la Plaza Mayor?
5. ¿Dónde está la parada de tranvía?
6. Yo quiero bajar.
7. ¿Tengo yo que cambiar?
8. ¿Dónde tengo yo que cambiar?

1. Ella lava la chaqueta.
2. Usted pierde el libro.
3. El viaje dura 20 minutos al Museo Nacional.
4. El viaje dura tres horas con el coche.

92

Shopping abroad **es** exciting. The simple everyday task of buying **un litro de leche** *(lee-troh)* liter

o una manzana *(mahn-sah-nah)* apple becomes a challenge that **usted** should **ahora** be able to meet quickly **y**

easily. Of course, **usted** will purchase **recuerdos, sellos y tarjetas postales,** *(reh-kwair-dos)* souvenirs but do

not forget those many other **cosas** ranging from shoelaces to aspirin that **usted** might

need unexpectedly. ¿**Sabe usted la diferencia entre una librería** *(lee-breh-ree-ah)* bookstore **y una farmacia?** *(far-mah-see-ah)* pharmacy between No.

Let's learn about the different **tiendas** *(tee-en-das)* stores **en países** *(pah-ee-ses)* countries **donde se habla español. Debajo está** one

un mapa de una ciudad típica.

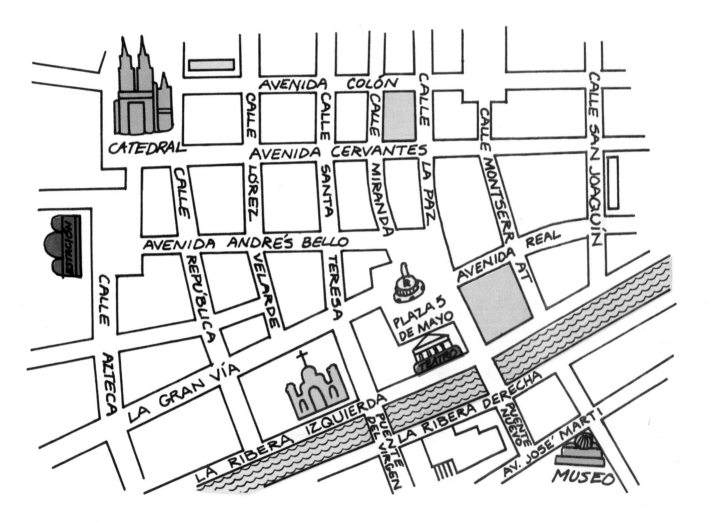

En las páginas siguientas están las tiendas de esta ciudad. Be sure to fill in the blanks
stores   this

debajo de las pinturas con los nombres de las tiendas.

(pah-nah-deh-ree-ah)
la panadería
bakery

donde usted compra pan
buy bread

(kar-nee-seh-ree-ah)
la carnicería
butcher's

donde usted compra carne
buy meat

(lah-vahn-deh-ree-ah)
el lavandería
laundry

(roh-pah)
donde usted lava la ropa
washes clothes

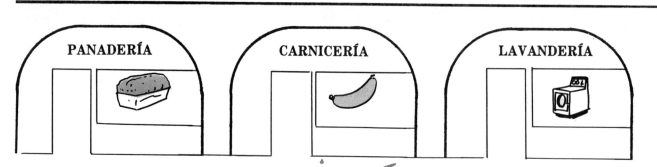

carnicería

(pas-teh-leh-ree-ah)
la pastelería
pastry shop

donde usted compra

(pahs-teh-les)
pasteles
pastries

(droh-geh-ree-ah)
la droguería
drugstore

donde usted compra

(hah-bohn)
jabón
soap

(far-mah-see-ah)
la farmacia
pharmacy

donde usted compra

(ahs-pee-ree-nah)
aspirina
aspirin

PASTELERÍA

DROGUERÍA

FARMACIA

farmacia

(floh-rees-teh-ree-ah)
la floristería
flower shop

donde usted compra flores

(tah-bah-keh-ree-ah)
la tabaquería
tobacco shop

donde usted compra

(tah-bah-koh) *(see-gah-ree-yos)*
tabaco y cigarillos

(kon-fee-teh-ree-ah)
la confitería
candy store

donde usted compra

(bohm-boh-nes) *(choh-koh-lah-teh)*
bombones y chocolate
candy

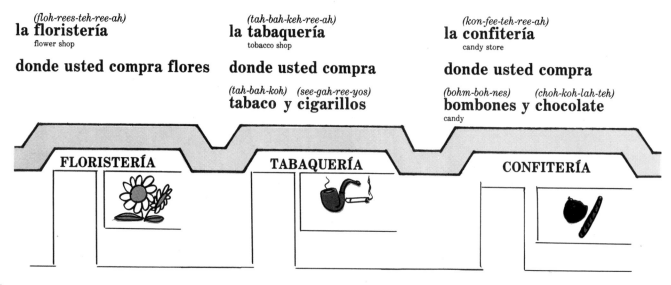

FLORISTERÍA

TABAQUERÍA

CONFITERÍA

94

(leh-cheh-ree-ah)
la lechería
dairy

donde usted compra

leche

(kah-mah-ras)
la tienda de cámaras
camera store

fotográficas donde usted

compra rollos de película

(vair-doo-lair-ee-ah)
la verdulería
vegetable store

donde usted compra

legumbres

(ah-par-kah-mee-en-toh)
el aparcamiento
parking lot

(es-tah-see-oh-nah)
donde usted estaciona
park

el coche

(peh-loo-keh-ree-ah)
la peluquería
hairdresser's

(peh-loh)
donde ellos cortan el pelo
cut · hair

(sahs-treh-ree-ah)
el sastrería
tailor's

donde ellos hacen la ropa
make · clothing

la oficina de correos
post office

donde usted compra sellos

(heh-fah-too-rah) *(poh-lee-see-ah)*
la jefatura de policía
police station

donde usted encuentra
find

la policía

(bahn-koh)
el banco
bank

donde usted cambia dinero y

(koh-brah) *(cheh-keh)*
usted cobra un cheque
cash

(kohl-mah-doh)
el colmado
grocery store

donde usted compra carne,

frutas y leche

(ool-trah-mah-ree-nos)
la tienda de ultramarinos
delicatessen

donde usted compra

(keh-soh)   (fee-ahm-bres)
queso y fiambres

(froo-teh-ree-ah)
la frutería
fruit store

donde usted compra frutas

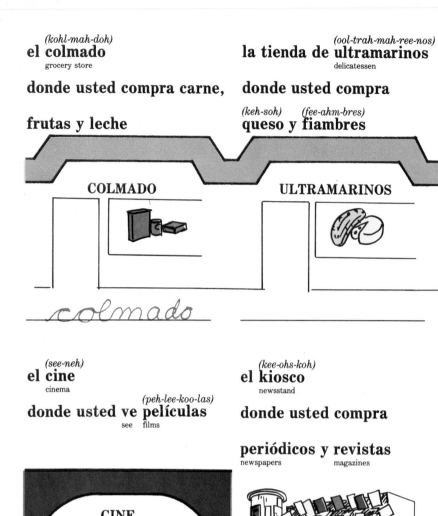

COLMADO

ULTRAMARINOS

FRUTERÍA

colmado

(see-neh)
el cine
cinema

(peh-lee-koo-las)
donde usted ve películas
see   films

(kee-ohs-koh)
el kiosco
newsstand

donde usted compra

periódicos y revistas
newspapers   magazines

(teen-toh-reh-ree-ah)
la tintorería
dry cleaner's

(leem-pee-ahn)
donde ellos limpian la ropa
clean

(kee-mee-kos)
con productos químicos
chemical

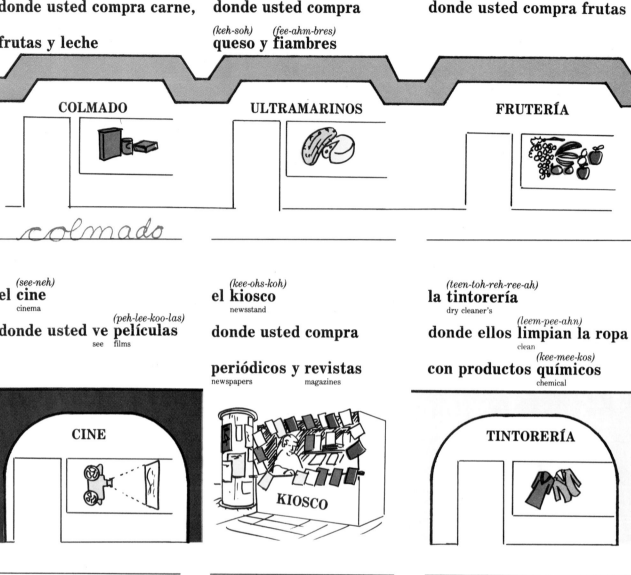

CINE

KIOSCO

TINTORERÍA

(pah-peh-leh-ree-ah)
la papelería
stationery store

donde usted compra papel,

(lah-pee-ses)
lápices y plumas
pencils   pens

(lee-breh-ree-ah)
la librería
bookstore

donde usted compra y

ellos venden libros

(ahl-mah-sehn)
el almacén
department store

donde usted puede comprar

(toh-doh)
todo (see Step 22)
everything

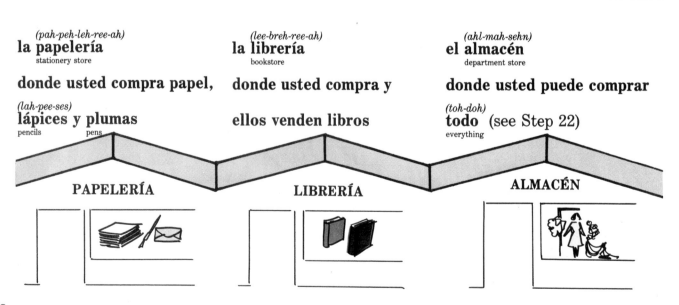

PAPELERÍA

LIBRERÍA

ALMACÉN

(mair-kah-doh)
el mercado
market
donde usted compra
legumbres y frutas

(reh-kwair-dos)
la tienda de recuerdos
souvenir shop
donde usted compra
recuerdos

(es-tah-see-ohn) *(gahs-oh-lee-nah)*
la estación de gasolina
gas station
donde usted compra gasolina

(ah-hen-see-ah)
la agencia de viajes
travel agency

donde usted compra

(ah-vee-ohn)
billetes de avión
airplane

(reh-loh-heh-ree-ah)
la relojería
watchmaker's shop

donde usted compra

relojes

(pehs-kah-deh-ree-ah)
la pescadería
fish store

donde usted compra pescado
fish

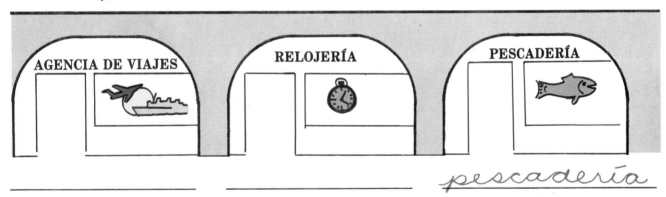

pescadería

¿**Cuándo están las tiendas** *(ah-bee-air-tas)* **abiertas?** Normally, **las tiendas están abiertas lunes a viernes,**
open   to

de las 8:00 o 8:30 *(ah-stah)* **hasta la 19:00. Panaderías** sometimes open earlier, since a lot of people
until   bakeries

like to buy their breakfast **pan o panecillos** fresh. However, most **gente** take an extended
rolls

lunch break, **o siesta,** lasting **dos o tres horas.** During **la siesta,** only **ciudades grandes o**

ciudades con a large **turista** population are likely to offer any shopping *(oh-pohr-too-nee-dah-des)* **oportunidades,** so

plan accordingly! **Los sábados, las tiendas están abiertas por la mañana,** but not always **por**
in

las tardes. ¡Los domingos, las tiendas están *(seh-rrah-das)* **cerradas! ¡Hay** anything else which makes
closed   is there

tiendas españolas diferentes from **tiendas americanas? Sí.** Look at **la pintura en la**

página siguiente.

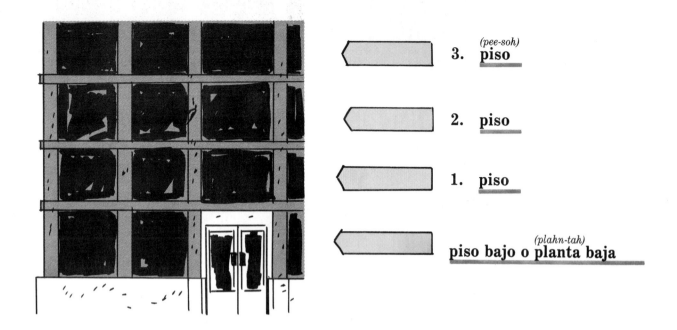

3. piso *(pee-soh)*

2. piso

1. piso

piso bajo o planta baja *(plahn-tah)*

Everywhere but **en América,** the ground floor is exactly that — **el piso bajo.** The first

floor **es** the next floor up **y** so on. Now that **usted** know **los nombres de las tiendas**

españolas, let's practice shopping.

I. First step — ¡dónde!

¿Dónde está la lechería?   ¿Dónde está el banco?   ¿Dónde está el cine?

Go through **las tiendas** introduced in this Step **y** ask **"dónde"** **con** each **tienda.** Another

way of asking **dónde** is to ask

¡Hay una lechería en la vecindad? *(ah-ee)* *(veh-seen-dahd)*
is there   vicinity

¡Hay un banco en la vecindad? *(ah-ee)*

Go through **las tiendas** again using this new **pregunta.**

II. Next step — tell them **que usted** are looking for, **necesita o quiere!**

1) Yo necesito . . .   _____

2) ¿Tiene usted . . . ?   *¿Tiene usted* _____

3) Yo quiero . . .   _____

98

Yo necesito un lápiz.

¿Tiene usted un lápiz?

Yo quiero un lápiz.

Yo necesito un litro de leche.

¿Tiene usted un litro de leche?

Yo quiero un litro de leche.

Go through the glossary at the end of this **libro y** select **veinte palabras.** Drill the above patterns **con estas veinte palabras.** Don't cheat. Drill them **hoy. Ahora,** take
these   today
veinte palabras más del diccionario y do the same. **Y** don't just drill them **hoy.** Take
more
more **palabras mañana y** drill them also.

III. Next step — find out **cuánto la cosa cuesta.**

1) ¿Cuánto cuesta esto?   _____

2) ¿Qué cuesta esto?   _____

¿Qué cuesta el lápiz?   ¿Qué cuesta el litro de leche?

¿Cuánto cuesta el lápiz?   ¿Cuánto cuesta el litro de leche?

Using these same **palabras** that **usted** selected **arriba,** drill **estas preguntas también.**

IV. If **usted no sabe donde encontrar** something, **usted pregunta**
know   to find

 ¿Dónde puedo yo comprar aspirina?
(ahs-pee-ree-nah)
aspirin

 ¿Dónde puedo yo comprar gafas de sol?
sunglasses

(ehn-koo-ehn-trah)
Once **usted encuentra** que **usted** would like, **usted dice,**   Yo quiero eso, por favor.
find

O, if **usted** would not like it,   Yo no quiero eso, gracias.

Usted está ahora all set to shop for anything!

(ahl-mah-sehn)
El Almacén
department store

At this point, **usted** should just about be ready for your **viaje a los países donde ellos hablan español.** **Usted** have gone shopping for those last-minute odds 'n ends. Most likely, the store directory at your local **almacén** did not look like the one **debajo!** **Usted sabe muchas palabras** already **y usted** could guess at **muchas** others. **Usted sabe** that **"niño" es la palabra española para** "child," so if **usted necesita** something **para el niño, usted** would probably look on **piso dos o tres, ¿no?**

6. PISO	panadería pastelería especialidades de comida alcohol	aves comestibles frutas legumbres	comida congelada vino caza carne
5. PISO	camas edredones	muebles pequeños lámparas	alfombras pinturas
4. PISO	vajillas efectos eléctricos cristal	efectos de domicilio todo para la cocina cerámica	llavería pasatiempos porcelana
3. PISO	libros televisores muebles infantiles cochecillos	juguetes instrumentos de música radios papelería	tabaquería café revistas periódicos discos
2. PISO	todo para el niño ropa de dama	ropa de caballero sombreros de dama	oficina de objetos perdidos servicios al cliente

1. PISO	accesorios para el
	   coche
	ropa interior
	   de dama
	pañuelos
		todo para el baño
		zapatos
		géneros de punto
			ropa de cama
			todo para deportes

PB	fotografía-optica sombreros de caballero paraguas	guantes piel medias relojes	efectos de caballero perfumería confituras joyería

(soo)
Let's start a checklist **para su viaje.** Besides **ropa, ¿qué necesita usted?**
                   your   *(roh-pah)* clothing

(yeh-vah)
¿Qué lleva usted en su viaje?
      take

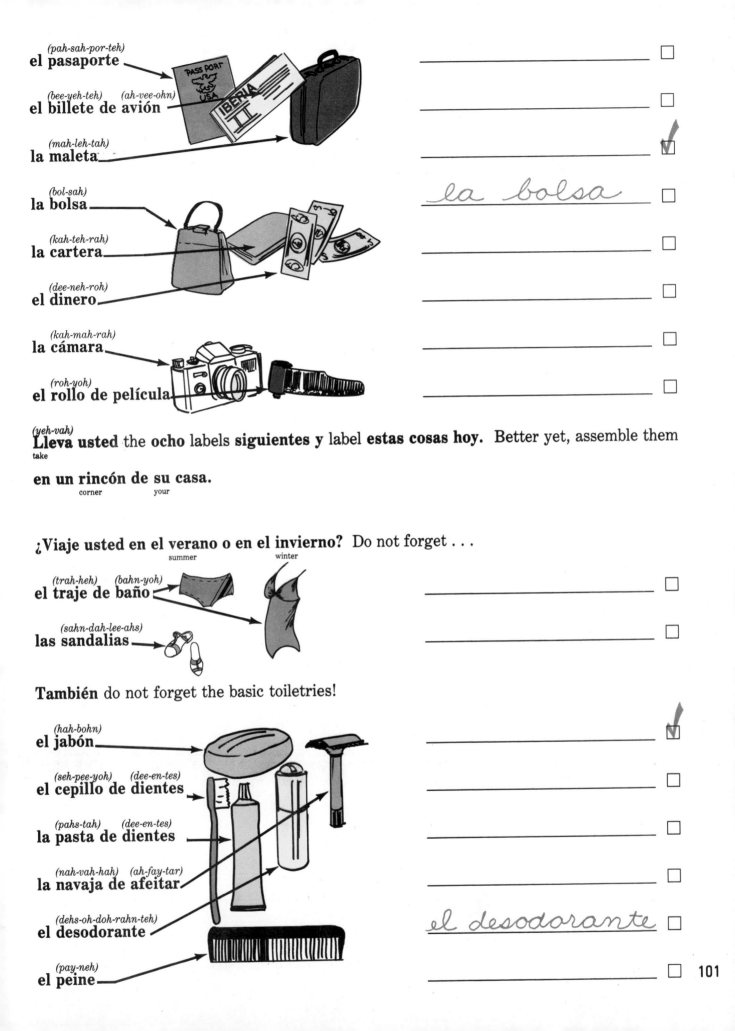

(pah-sah-por-teh)
el pasaporte

(bee-yeh-teh) *(ah-vee-ohn)*
el billete de avión

(mah-leh-tah)
la maleta

☐
☐
✓

(bol-sah)
la bolsa

la bolsa ☐

(kah-teh-rah)
la cartera

☐

(dee-neh-roh)
el dinero

☐

(kah-mah-rah)
la cámara

☐

(roh-yoh)
el rollo de película

☐

(yeh-vah)
Lleva usted the **ocho** labels **siguientes y** label **estas cosas hoy.** Better yet, assemble them
take

en un rincón de su casa.
corner   your

¿Viaje usted en el verano o en el invierno? Do not forget . . .
summer   winter

(trah-heh) *(bahn-yoh)*
el traje de baño

☐

(sahn-dah-lee-ahs)
las sandalias

☐

También do not forget the basic toiletries!

(hah-bohn)
el jabón

✓

(seh-pee-yoh) *(dee-en-tes)*
el cepillo de dientes

☐

(pahs-tah) *(dee-en-tes)*
la pasta de dientes

☐

(nah-vah-hah) *(ah-fay-tar)*
la navaja de afeitar

☐

(dehs-oh-doh-rahn-teh)
el desodorante

el desodorante ☐

(pay-neh)
el peine

☐ 101

For the rest of **las cosas,** let's start **con** the outside layers **y** work our way in.

(ah-bree-goh)
el abrigo _____ ☑

(eem-pair-meh-ah-bleh)
el impermeable _____ ☐

(pah-rah-gwas)
el paraguas _____ ☐

(gwan-tehs)
los guantes _____ ☐

(sohm-breh-roh)
el sombrero _____*el sombrero*_____ ☐

(boh-tas)
las botas _____ ☐

(sah-pah-tos)
los zapatos _____ ☐

(kahl-seh-tee-nes)
los calcetines _____ ✓

(meh-dee-ahs)
las medias _____*las medias*_____ ☐

Lleva usted the **quince** labels **siguientes y label estas cosas.** Check **y** make sure that
take

ellas están limpias y ready **para su viaje.** Be sure to do the same **con** the rest of the
(leem-pee-ahs)
clean

cosas usted quiere llevar. Check them off on this **lista** as **usted** organize them. From

ahora on, **usted tiene "jabón" y no** "soap."

(pee-hah-mas)
los pijamas _____ ☐

(kah-mee-sah)
la camisa de dormir _____ ☐

(bah-tah)
la bata de baño _____ ☐

(sah-pah-tee-yas)
las zapatillas _____ ☐

La bata de baño y las zapatillas pueden también double **para usted** at the **piscina!**
(pee-see-nah)
swimming pool

el traje *(trah-heh)*

la corbata *(kor-bah-tah)*

el pañuelo *(pahn-yoo-eh-loh)*

la camisa *(kah-mee-sah)*

la chaqueta *(chah-keh-tah)*

los pantalones *(pahn-tah-loh-nes)*

el vestido *(ves-tee-doh)*

la blusa *(bloo-sah)*

la falda *(fahl-dah)*

el suéter *(sweh-tair)*

el sostén *(sohs-tehn)*

la combinación *(kohm-bee-nah-see-ohn)*

los calzoncillos *(kahl-sohn-see-yos)*

la camiseta *(kah-mee-seh-tah)*

☐

☐

☐

la camisa ☐

☐

✓

☐

☐

☐

☐

☐

☐

☐

☐

Having assembled **estas cosas, usted está** ready **para su viaje.** However, being human means occasionally forgetting something. Look again at the **almacén** directory. **¿En cuál piso encuentra usted . . .**
which

ropa de caballero?   En el piso _____2_____.

un sombrero para una dama (mujer)?   En el piso _____.

libros?   En el piso _____.

ropa interior de dama?   En el piso _____.
ladies' underclothing

103

zapatos? En el piso_____.

calcetines (medias)? En el piso_____.

ropa de dama? En el piso_____.

Ahora, just remember your basic **preguntas.** *(reh-pee-teh)* **Repite usted la conversación típica debajo** out loud **y luego repite** it by filling in the blanks.

¿Dónde puedo yo encontrar pantalones de damas?_____

En el departamento de damas._____

¿Dónde está el departamento de damas?_____

En el piso segundo (piso dos). *(seh-goon-doh)* second *En el piso segundo.*

¿Dónde puedo yo encontrar jabón?_____

En la planta baja (piso bajo)._____

Do not forget to **también preguntar** . . .

¿Dónde está el ascensor? *(ah-sehn-sor)* elevator *¿ Dónde está*_____

¿Dónde está la escalera? *(es-kah-leh-rah)* stairs _____

¿Dónde está la escalera móvil? *(moh-veel)* escalator _____

Whether **usted necesita pantalones de mujer o una camisa de hombre, las palabras necesarias** for shopping **son** the same!

¿Qué **talla?**
(tah-yah)
which   size

_____

Es un ajuste bueno.
(ah-hoos-teh)
it is   fit

_____

No es un ajuste bueno.
fit

_____

Clothing Sizes: **DAMAS**

Zapatos									
American	5	5½	6	6½	7	7½	8	8½	9
Continental	35	35	36	37	38	38	38	39	40

Ropa						
American	8	10	12	14	16	18
Continental	36	38	40	42	44	46

Blusas, suéters							
American	32	34	36	38	40	42	44
Continental	40	42	44	46	48	50	52

Yo tomo esto.
take   this

Yo tomo esto.

¿Cuánto cuesta esto?

_____

Esto es todo. Muchas
all

gracias.

_____

Clothing Sizes: **CABALLEROS**

Zapatos									
American	7	7½	8	8½	9	9½	10	10½	11	11½
Continental	39	40	41	42	43	43	44	44	45	45

Ropa							
American	34	36	38	40	42	44	46	48
Continental	44	46	48	50	52	54	56	58

Camisas							
American	14	14½	15	15½	16	16½	17	17½
Continental	36	37	38	39	40	41	42	43

Ahora, usted está ready **para su viaje. Usted sabe todo, que usted necesita.** The next

Step will give you a quick review of international road signs **y** then **usted** are off to the

aeropuerto. ¡Buen viaje!

Step 23

 = Dangerous Intersection

Aquí están some of the most important *(sehn-yah-les)* **señales** *(poo-blee-kas)* **públicas.** *(kwee-dah-doh)* **¡Cuidado! ¡Buen viaje!**
street signs   watch out

 Danger

 Dangerous
curve

 Dangerous
intersection

 Closed to
all vehicles

Prohibited for
motor vehicles

 Prohibited for
motor vehicles
on Sundays and
holidays

 No entry

 Stop

Main road ahead,
yield the right
of way

 You have the
right of way

 Additional
sign indicating
the right of way

 One-way street

 Dead-end street

 Detour

 Traffic circle

106

No left turn

No U-turn

No parking

No parking or waiting

No passing

Speed limit

End of speed limit

Beginning of highway

Railroad crossing
240 meters

Railroad crossing
160 meters

Railroad crossing
80 meters

Customs

Federal highway
number

City limit
(50 km/h speed
limit)

Parking permitted

Road ends, water
ahead

GLOSSARY

A

a . . . . . to, at
a la parrilla . . . . . grilled
a la Romana . . . . . in batter
abajo . . . . . down, below
abierta, abierto . . . . . open
abre . . . . . open
abrigo, el . . . . . overcoat
abril, el . . . . . April
abrir . . . . . to open
absoluto . . . . . absolute
abuela, la . . . . . grandmother
abuelo, el . . . . . grandfather
abuelos, los . . . . . grandparents
accidente, el . . . . . accident
aceite, el . . . . . oil
activo . . . . . active
acto, el . . . . . act
adentro . . . . . inside
adiciones, las . . . . . additions
adiós . . . . . good-bye
aéreo . . . . . air, aerial
aeropuerto, el . . . . . airport
afeitar . . . . . to shave
agencia, la . . . . . agency
agencia de viajes, la . . . . . travel agency
agosto, el . . . . . August
agua, el . . . . . water
ahora . . . . . now
ajuste, el . . . . . fit, fitting
al horno . . . . . baked
al lado de . . . . . next to
alemán . . . . . German
alfabeto, el . . . . . alphabet
alfombra, la . . . . . carpet
allí . . . . . there
almacén, el . . . . . department store
almohada, la . . . . . pillow
almuerzo, el . . . . . lunch
alta . . . . . high
amarillo . . . . . yellow
América . . . . . America
americana, la (las americanas) . . . . . American
americano, el (los americanos) . . . . . American
amigos, los . . . . . friends
andar . . . . . to walk, to go
andén, el . . . . . railway platform
año, el . . . . . year
aparca . . . . . park
aparcamiento, el . . . . . parking lot
aprender . . . . . to learn
aproximadamente . . . . . approximately
aquí . . . . . here
árbol, el . . . . . tree
armario, el . . . . . cupboard
arriba . . . . . up, above
arte, el . . . . . art
asado . . . . . roast
ascensor, el . . . . . elevator
asiento, el . . . . . seat
aspirina, la . . . . . aspirin
aterrizar . . . . . to land
aún . . . . . still, yet
auricular, el . . . . . receiver
autobús, el . . . . . bus
automóvil, el . . . . . automobile
ave, el . . . . . bird, fowl
aves, las . . . . . poultry
avión, el . . . . . airplane
ayer . . . . . yesterday
azul . . . . . blue

B

baile, el . . . . . dance
baja . . . . . low
bajar . . . . . to get out, to disembark
bañar . . . . . to bathe
banco, el . . . . . bank
baño, el . . . . . bath, bathroom
barato . . . . . inexpensive
barco, el . . . . . boat
bata de baño, la . . . . . bathrobe
bebidas, las . . . . . beverages
beber . . . . . to drink
bicicleta, la . . . . . bicycle
bien . . . . . well
biftec, el . . . . . beefsteak
billete, el . . . . . ticket, banknote
blanco . . . . . white
blusa, la . . . . . blouse
bocadillos, los . . . . . sandwiches
bolsa, la . . . . . purse
bombones, los . . . . . candy
botas, las . . . . . boots
bravo . . . . . brave
buen . . . . . good
buen día . . . . . good day, good-bye
buen provecho . . . . . good appetite
buena, bueno . . . . . good
buena suerte . . . . . good luck
buenas noches . . . . . good night
buenas tardes . . . . . good afternoon
buenos días . . . . good day, good morning
buzón, el . . . . . mailbox

C

caballeros, los . . . . . gentlemen
cabina, la . . . . . booth
cabina de teléfono, la . . . telephone booth
cada . . . . . each, every
café, el . . . . . coffee, coffee house
calcetines, los . . . . . socks
calendario, el . . . . . calendar
calles, las . . . . . streets
caliente . . . . . hot
calor . . . . . hot
calzoncillos, los . . . . . underpants
cama, la . . . . . bed
cámara fotográfica, la . . . . . camera
camarera, la . . . . . waitress
camarero, el . . . . . waiter
cambiar . . . . . to change, to exchange
cambio, el (los cambios) . . . . . change
camisa, la . . . . . shirt
camisa de dormir, la . . . . . nightshirt
camiseta, la . . . . . undershirt
campo, el . . . . . country, field
cantina, la . . . . . bar
carne, la . . . . . meat
carnicería, la . . . . . butchery
caro . . . . . expensive
carta, la . . . . . letter
cartera, la . . . . . wallet
casa, la . . . . . house
castillo, el . . . . . castle
catedral, la . . . . . cathedral
categorías, las . . . . . categories
católico . . . . . Catholic
catorce . . . . . fourteen
caza . . . . . game animals
cena, la . . . . . supper, evening meal
centavos, los . . . . . cents
centígrado . . . . . Centigrade
centro, el . . . . . center, middle
cepillo, el . . . . . brush
cepillo de dientes, el . . . . . toothbrush
cerdo, el . . . . . hog
cero . . . . . zero
cerrado . . . . . closed
cerveza, la (las cervezas) . . . . . beer
cesto, el . . . . . basket
cesto para papeles, el . . . . . wastepaper basket
chaqueta, la . . . . . jacket
cheque, el . . . . . check
chocolate, el . . . . . chocolate, cocoa
chuleta, la . . . . . chop, cutlet
cien, ciento . . . . . hundred
cigarillos, los . . . . . cigarettes
cinco . . . . . five
cincuenta . . . . . fifty
cine, el . . . . . cinema
ciudad, la . . . . . city
clase, la . . . . . class
cobra . . . . . cashes
cobrador, el . . . . . conductor
coche, el (los coches) . . . . . car
coche-cama, el . . . . . sleeping car
coche-comedor, el . . . . . dining car
cocido . . . . . cooked
cocina, la . . . . . kitchen
colgar . . . . . to hang up
colmado, el . . . . . grocery store
color, el (los colores) . . . . . color
combinación, la . . . . . combination, slip
comedor, el . . . . . dining room
comida, la . . . . . meal, dinner
comienza . . . . . commences, begins
como . . . . . like
¿cómo? . . . . . how
compartimiento, el . . . . . compartment
completar . . . . . to complete
complicadas . . . . . complicated
comprar . . . . . to buy
común . . . . . common
con . . . . . with
concierto, el . . . . . concert
condición, la . . . . . condition
conductor, el . . . . . driver
confitería, la . . . . . candy store
conversación, la . . . . . conversation
copa, la . . . . . bowl
corbeta, la . . . . . necktie
cordero, el . . . . . lamb
correcto . . . . . correct
correo, el . . . . . mail
correo aéreo . . . . . air mail
corta . . . . . short
cortina, la . . . . . curtain
cosas, las . . . . . things
costar . . . . . to cost
costumbres, las . . . . . customs
cuál, cuáles . . . . . which
cuando . . . . . when
¿cuándo? . . . . . when?
¿cuánta?, ¿cuánto? . . . . . how much
¿cuántas?, ¿cuántos? . . . . . how many
cuarenta . . . . . forty
cuarto . . . . . quarter
cuarto, el (los cuartos) . . . . . room
cuarto de baño, el . . . . . bathroom
cuatro . . . . . four
cubierto, el . . . . . special meal of the day
cuchara, la . . . . . spoon
cuchillo, el . . . . . knife
cuenta, la . . . . . bill
cuesta . . . . . costs
¡Cuidado! . . . . . Watch out!
curasán, el . . . . . croissant

D

dama, la (las damas)	lady
de	of, from
debajo	under, below
decir	to say
delante de	in front of
delgado	thin
del este	eastern
del oeste	western
del norte	northern
del país	domestic
del sur	southern
derecha	right
derecho	straight ahead
desayuno, el	breakfast
descolgar	to pick up
despacio	slow
despertador, el	alarm clock
desodorante, el	deodorant
detrás de	behind
día, el (los días)	day
diccionario, el	dictionary
dice/decir	says/to say
diciembre, el	December
diecinueve	nineteen
dieciocho	eighteen
dieciséis	sixteen
diecisiete	seventeen
dientes, los	teeth
diez	ten
diferencia, la	difference
diferente	different
difícil	difficult
dinero, el	money
dirección, la	direction
distancia, la	distance
doblar	to double, to turn
doblar la esquina	to turn the corner
doce	twelve
dólar, el	dollar
doméstica	domestic
domingo, el	Sunday
donde	where
¿dónde?	where?
dormitorio, el	bedroom
dormir	to sleep
dos	two
droguería, la	drugstore
ducha, la	shower
durar	to last

E

echar	to throw
ejemplo, el	example
el	the
él	he
elefante, el	elephant
ella	she
ellas, ellos	they
en	into, in, on
encontrar	to find
encuentra/encontrar	find/to find
enero, el	January
enfermo	sick
entender	to understand
entrar	to enter
entrada, la	entrance
entre	between
entremeses, los	hors d'oeuvres
era/ser	was/to be
es/ser	is/to be
escalera, la	steps
escalera móvil, la	escalator

escribir	to write
escritorio, el	desk
escuela, la	school
ese, ése, eso, esto	that
España	Spain
español	Spanish
especialidades, las	specialties
espejo, el	mirror
espera	waiting
esquina, la	corner
estación, la	station
estación de tren, la	train station
estación de gasolina	gas station
estación terminal, la	terminal
estar	to be
estar sentado	to be seated
este, el	east
este/éste	this, this one
estoy/estar	am/to be
Europa	Europe
europeas	European
exacto	exact
excelente	excellent
excusado, el	toilet
expreso	express
extranjero	foreign

F

fácil	simple
Fahrenheit	Fahrenheit
falda, la	skirt
familia, la	family
farmacia, la	pharmacy
febrero, el	February
flan, el	caramel custard
flor, la (las flores)	flower
floresta, la	woods
floristería, la	flower shop
fonda, la	inn
francés	French
frases, las	phrases
frecuentemente	frequently
frescos	fresh
frío	cold
frito	fried
frutas, las	fruits
frutería, la	fruit store
fuerte	loud, strong
fumar	to smoke
fútbol, el	soccer

G

gafas, las	eyeglasses
gafas de sol, las	sunglasses
garaje, el	garage
gasolina, la	gasoline
gato, el	cat
geneológico	genealogical
gente, la	people
golfo, el	gulf
gracias	thanks
grados, los	degrees
grande	big
gris	gray
grueso	thick
guantes, los	gloves
guía, la	directory, guide
gustar	to please

H

hablar	to speak
hacer	to make, to do
hacienda, la	farmstead
hambre, la	hunger
hasta	until
hay	there is
helado, el	ice cream
hermana, la	sister
hermano, el	brother
hiela	freezes
hierba, la	grass
hierve	boils
hija, la	daughter
hijo, el	son
hojas, las	sheets
hombre, el (los hombres)	man
hora, la (las horas)	hour
horario, el	timetable
horno, el	oven
hotel, el (los hoteles)	hotel
hotelero, el	hotelkeeper
hoy	today
huevo, el (los huevos)	egg

I

ida/ir	going; one-way/to go
ida y vuelta	round-trip
idea, la	idea
iglesia, la	church
impermeable, el	raincoat
importante	important
incendio, el	fire
incluído	included
información, la	information
Inglaterra	England
inglés	English
instrucciones, las	instructions
interesante	interesting
invierno, el	winter
islas, las	islands
Italia	Italy
italiano	Italian
izquierda	left

J

jabón, el	soap
jardín, el	garden
jardín zoológico	zoo
japonés	Japanese
jefatura de policía, la	police station
joven	young
judío	Jewish
jueves, el	Thursday
jugo, el	juice
julio, el	July
junio, el	June

K

kilómetros, los	kilometers
kilos, los	kilos, kilograms
kiosco, el	newsstand

L

la, las .... the
lado, el .... side
lámpara, la (las lámparas) .... lamp
lápiz, el (los lápices) .... pencil
larga .... long
lavabo, el .... washstand
lavadero, el .... laundry
lavar .... to wash
lavatorio, el .... washroom
leche, la .... milk
lechería, la .... dairy
legumbres, las .... vegetables
libro, el (los libros) .... book
librería, la .... bookstore
limonada, la .... lemonade
limpiar .... to clean
línea, la (las líneas) .... line
lista, la .... list
litro, el (los litros) .... liter
llamada, la (las llamadas) .... call
llamada a larga distancia, la ....
.... long-distance telephone call
llamadas locales .... local telephone calls
llamar .... to call
llegada, la .... arrival
llegar .... to arrive
lleno .... full
llueve .... rains
lo siento .... I am sorry
local .... local
los .... the
luego .... then
lunes, el .... Monday
luz, la .... light

M

madre, la .... mother
mal, malo .... bad
maleta, la .... suitcase
mañana, la .... morning, tomorrow
mandar .... to send
mano, la .... hand
manta, la .... blanket
mantequilla, la .... butter
manzana, la (las manzanas) .... apple
mar, el .... sea
marcar .... to dial
martes, el .... Tuesday
marzo, el .... March
más .... more
más tarde .... later
mayo, el .... May
mayor .... major, main
media .... half
medias, las .... stockings
médico, el .... doctor
mejicano .... Mexican
Méjico .... Mexico
mejor .... better
menos .... minus
menos cuarto .... a quarter before
mercado, el .... market
mermelada, la .... marmalade
mesa, la (las mesas) .... table
meses, los .... months
metros, los .... meters
mi .... my
miércoles, el .... Wednesday
mil .... thousand
mínimo, el .... minimum
minutos, los .... minutes
mixta .... mixed

modos, los .... ways, modes
moneda, la .... money
montaña, la (las montañas) ... mountain
monte, el .... mountain
mostrar .... to show
muchas gracias .... many thanks
mucho .... much, a lot
mujer, la (las mujeres) .... woman
multicolor .... multi-colored
museo, el .... museum
muy .... very

N

naranja, la .... orange
naranjada, la .... orange drink
natural .... natural
naturalmente .... naturally
navaja de afeitar, la .... razor
necesitar .... to need
negro .... black
niebla, la .... fog
nieva .... snows
niña, la .... girl
niño, el (los niños) .... boy, child
noche, la .... night
nombre, el (los nombres) .... name
normal .... normal
norte, el .... north
Norteamérica .... North America
nosotros .... we
notas, las .... notes
noventa .... ninety
noviembre, el .... November
número, el (los números) .... number
nueva .... new
nueve .... nine

O

o .... or
objetos, los .... objects
océano, el .... ocean
ochenta .... eighty
ocho .... eight
octubre, el .... October
ocupado .... occupied, busy
oeste, el .... west
oficina, la .... office
oficina de cambio, la ... money-exchange
office
oficina de correos, la .... post office
oficina de objetos perdidos
.... lost-and-found office
oportunidad, la .... opportunity
once .... eleven
otoño, el .... autumn
otra .... another, other

P

país, el (los países) .... country
padre, el .... father
padres, los .... parents
pagar .... to pay
página, la (las páginas) .... page
palabra, la (las palabras) .... word

pan, el .... bread
panadería, la .... bakery
panecillos, los .... rolls
paño, el .... cloth
paño para lavar .... washcloth
pantalones, los .... trousers
pañuelo, el .... handkerchief
papel, el (los papeles) .... paper
papelería, la .... stationery store
paquete, el .... package
para .... for
parada, la .... stop
parador, el .... inn
parientes, los .... parents
parque, el .... park
parrilla, la .... grill
partida, la .... departure
partir .... to depart
pasar .... to happen
pasaporte, el .... passport
pasta, la .... paste
pasta de dientes, la .... toothpaste
paso, el .... passage
pasteles, los .... pastries
pedazo, el .... piece
pedir .... to order, to request
peine, el .... comb
película, la .... film
pelo, el .... hair
peluquería, la .... haidresser's
pensión, la .... boarding house
pequeña .... little, small
perder .... to lose
perdidos .... lost
perdóneme .... pardon me
periódico, el .... newspaper
pero .... but
perro, el .... dog
persona, la (las personas) .... person
pescado, el .... fish
peso, el (los pesos) ...... unit of Mexican
currency
pierdo/perder .... lose/to lose
pijamas, la .... pajamas
pimienta, la .... pepper
pintura, la (las pinturas) .... picture
piscina, la .... swimming pool
piso, el .... floor
piso bajo, el .... ground floor
placer, el .... pleasure
planta baja, la .... ground floor
plátano, el .... banana
plato, el .... plate, dish
plaza, la .... plaza
plaza de toros, la .... bullring
pluma, la (las plumas) .... pen
pobre .... poor
poco .... little, few
poder .... to be able to
policía, la .... police, policeman
polo, el .... pole
por .... by, for, in
por favor .... please
¿por qué? .... why?
posibilidad, la .... possibility
postre, el (los postres) .... dessert
practicar .... to practice
precio, el .... price
preciso .... precise
prefijo, el .... prefix
pregunta, la .... question
preguntar .... to ask
primavera, la .... spring
primera .... first
primera clase .... first-class
principal .... principal, main
problemas, los .... problems
productos, los .... products
prohibida .... prohibited

propina, la . . . . tip
protestante . . . . Protestant
público . . . . public
puedo/poder . . . . can/to be able to
puerta, la . . . . door
púrpura . . . . purple

Q

¿qué? . . . . what?
¿Qué pasa? . . . . What's happening?
quedar . . . . to stay/to remain
querer . . . . to want
¿quién? . . . . who?
quiero/querer . . . . want/to want
químicos . . . . chemical
quince . . . . fifteen
quinientos . . . . five hundred
quinto . . . . fifth

R

rápido . . . . rapid
recibo, el . . . . receipt
recuerdos, los . . . . souvenirs
refrigerador, el . . . . refrigerator
región, la . . . . region
rellenas . . . . stuffed
religión, la (las religiones) . . . . . religion
reloj, el (los relojes) . . . . watch, clock
relojería, la . . . . watchmaker's shop
repetir . . . . to repeat
repite/repetir . . . . repeat/to repeat
reservaciones, las . . . . reservations
respuestas, las . . . . answers
restaurante, el . . . . restaurant
revista, la . . . . magazine
rico . . . . rich
rincón, el . . . . corner
río, el . . . . river
rojo . . . . red
rollo de película . . . . roll of film
ropa, la . . . . clothes
ropa interior, la . . . . underclothing
ropero, el . . . . clothes closet
rosado . . . . pink
rosas, las . . . . roses
rosbif, el . . . . roast beef
ruso . . . . Russian

S

saber . . . . to know
sábado, el . . . . Saturday
sal, la . . . . salt
sala, la . . . . living room
sala de espera, la . . . . waiting room
salida, la . . . . exit
salida de urgencia, la . . . emergency exit
salir . . . . to leave
sandalias, las . . . . sandals
sano . . . . healthy
sastre, el . . . . tailor
se . . . . himself, herself
segunda . . . . second
segunda clase . . . . second-class
segundos, los . . . . seconds
sello, el (los sellos) . . . . stamp
seis . . . . six
semana, la (las semanas) . . . . week
señales públicas, las . . . . . . street signs
Señor . . . . Mr.
Señora . . . . Mrs.

Señorita . . . . Miss
septiembre, el . . . . September
ser . . . . to be
servilleta, la . . . . napkin
sesenta . . . . sixty
setenta . . . . seventy
sí . . . . yes
siesta, la . . . . afternoon nap
siete . . . . seven
siguiente . . . . following
silla, la (las sillas) . . . . chair
similaridad, la . . . . similarity
sin . . . . without
sobre . . . . on top of, above, on, about
sofá, el . . . . sofa
sol, el . . . . sun
solamente . . . . only
sombrero, el . . . . hat
son/ser . . . . are/to be
sopa, la (las sopas) . . . . soup
sostén, el . . . . brassiere
sótano, el . . . . basement
soy/ser . . . . am/to be
su . . . . your, his, her, its, their
suave . . . . soft
subir . . . . to get into, to board
Sudáfrica . . . . South Africa
Sudamérica . . . . South America
suerte, la . . . . luck
suéter, el . . . . sweater
sur, el . . . . south

T

tabaco, el . . . . tobacco
tabaquería, la . . . . tobacco
talla, la . . . . size
también . . . . also
tan . . . . so
tapas, las . . . . snacks
tarde . . . . late
tarde, la . . . . . . afternoon, evening
tarjeta postal, la . . . . postcard
taverna, la . . . . bar
taxi, el . . . . taxi
taza, la (las tazas) . . . . cup
té, el . . . . tea
teatro, el . . . . theater
techo, el . . . . ceiling
telefónica . . . . telephone
teléfono, el . . . . telephone
teléfono público, el . . . . public telephone
telegrama, el (los telegramas) . telegram
televisión, la . . . . television
temperaturas, las . . . . temperatures
tenedor, el . . . . fork
tener . . . . to have
tengo/tener . . . . have/to have
terminal . . . . terminal
termómetro, el . . . . thermometer
ternera, la . . . . calf, veal
tía, la . . . . aunt
tiempo, el . . . . time, weather
tienda, la (las tiendas) . . . . . . store, shop
tienda de cámaras fotográficas . . camera
store
tienda de recuerdos, la . . . souvenir shop
tienda de ultramarinos, la . . delicatessen
tiene/tener . . . . has/to have
timbre, el . . . . doorbell
tintorería, la . . . . dry cleaner's
tío, el . . . . uncle
típica . . . . typical
toalla, la (las toallas) . . . . . . towel

todo . . . . all, everything
tomar . . . . to take
tomate, el . . . . tomato
toro, el . . . . bull
toronja, la . . . . grapefruit
total . . . . total
traje, el . . . . suit
traje de baño, el . . . . swimsuit
tranvía, el . . . . streetcar
trece . . . . thirteen
treinta . . . . thirty
tren, el (los trenes) . . . . train
tres . . . . three
turista, el . . . . tourist
turismo, el . . . . tourism

U

un, una . . . . a
unas, unos . . . . some
universidad, la . . . . university
uno . . . . one
urgencia . . . . urgency
usted . . . . you
usual . . . . usual

V

va/ir . . . . goes/to go
vaca, la . . . . cow
varias . . . . various
variedad, la . . . . variety
vaso, el (los vasos) . . . . glass
vecinidad, la . . . . vicinity
veinte . . . . twenty
vender . . . . to sell
vengo/venir . . . . . . come/to come
ventana, la . . . . window
ventanilla, la . . . . counter, window
ver . . . . to see
verano, el . . . . summer
verbos, los . . . . verbs
verde . . . . green
verdulería . . . . vegetable store
vestido, el . . . . dress
vez, la (las veces) . . . . times
vía, la . . . . railway track
viajar . . . . to travel
viaje, el . . . . trip
viajero, el . . . . traveler
viejo . . . . old
viene/venir . . . . . . comes/to come
viento, el . . . . wind
vino, el . . . . wine
violeta . . . . violet
vivir . . . . to live
volar . . . . to fly
voz, la . . . . voice
vuelta/volver . . . . . . returning/to return

Y

y . . . . and
y cuarto . . . . a quarter after
yo I

Z

zapatillas, las . . . . slippers
zapatos, los . . . . shoes
zoológico . . . . zoological
zona, la . . . . zone

111

DRINKING GUIDE

This drinking guide is intended to explain the sometimes overwhelming variety of beverages available to you while in Mexico, Spain or South America. It is by no means complete. Some of the experimenting has been left to you, but this should get you started. The asterisks (*) indicate brand names.

BEBIDAS CALIENTES (hot drinks)

café	coffee
café americano	American-style coffee
café con leche	coffee with milk
café corto	espresso
café cortado	capuccino
té	tea
té con limón	tea with lemon
té con leche	tea with milk
chocolate	hot chocolate

BEBIDAS FRÍAS (cold drinks)

leche	milk
leche con chocolate	chocolate milk
batido	milk shake
Fanta	Fanta
Cola	cola
limonada	non-carbonated lemon drink
naranjada	non-carbonated orange drink
jugo/zumo	juice
jugo de naranja	orange juice
jugo de tomate	tomato juice
agua	water
agua mineral	mineral water
agua gaseosa	club soda
sidra	cider

BEBIDAS ALCOHOLICAS (alcoholic drinks)

ginebra	gin
Raf	gin and cola
ron	rum
Cuba Libre	rum, cola and lemon
vodka	vodka
whisky escocés	Scotch
whisky borbón	bourbon
tequila	tequila
Margarita	tequila, lime juice and salt
mezcal	maguey liquor

LICORES (liqueurs)

anís	aniseed liqueur
licor de café	coffee liqueur
*Kahlua	
*Tía Maria	

CERVEZAS (beers)

There is a variety of brands. Cerveza is generally purchased by the **botella** (bottle) or **de barril** (draught).

*San Miguel
*Tecate
*Carta Blanca
*Dos Equis
*Águila
*Bohemia

VINOS (wines)

There are four main types, but quality levels vary drastically. **Vino** can be purchased by the **botella** (bottle) or **vaso** (glass).

vino tinto	red wine
vino blanco	white wine
vino rosado	rosé wine
clarete	light red wine
vino corriente	ordinary table wine
vino común	ordinary table wine
vino reserva	"reserved," aged wine
vino dulce	sweet wine
vino seco	dry wine
Sangría	wine cup made with fruits, brandy, lemonade and ice

APERITIVOS (aperitifs)

jerez	sherry

  *Tío Pepe
  *Gran Garvey
  *Sandeman
*Pernod
*Campari
*Martini blanco   (Not gin with an olive,
*Martini rojo   but sweet vermouth! If you order a martini, this is what you are likely to get.)

COÑACS (brandies)

*Fundador
*Felipe II
*Carlos V
*Soberano
*Terry

CHAMPAÑA (champagne)

*Codorniú

HIELO .... ice

La Carta
menu

Método de Preparación (methods of preparation)

a la Romana	in batter
cocido	cooked, boiled
frito	fried
al horno	baked
cocido al vapor	steamed
a la parrilla	grilled
a la plancha	grilled, broiled
empanado	breaded
salteado	sautéed
asado	roasted
crudo	raw
medio crudo	rare
en su punto	medium
bien asado	well-done

General

conserva	jam
mermelada	marmalade
miel	honey
sal	salt
pimienta	pepper
aceite	oil
vinagre	vinegar
mostaza	mustard
salsa	sauce
queso	cheese
ajo	garlic
torta	cake
pastel	pastry
helado	ice cream
nata	whipped cream
postre	dessert
flan	caramel custard

Fruta (fruit)

manzana	apple
pera	pear
albaricoque	apricot
melocotón	peach
plátano	banana
naranja	orange
cereza	cherry
ciruela	plum
toronja	grapefruit
uvas	grapes
limón	lemon
piña	pineapple
melón	melon
sandía	watermelon
guayaba	guava
fresas	strawberries
frambuesas	raspberries
mirtilos	blueberries
macedonia de fruta	fruit cocktail
compota de manzana	applesauce

Bebidas (beverages)

cerveza	beer
leche	milk
café	coffee
café con leche	coffee with milk
zumo de . . .	juice of . . .
jugo de . . .	juice of . . .
limonada	lemonade
agua mineral	bottled water
vino tinto	red wine
vino blanco	white wine
vino rosado	rosé wine

¡Buen provecho!

Pan y Pasta (bread and pasta)

pan	bread
panecillo	roll
pan moreno	dark (rye) bread
pan tostado	toast
arroz	rice
macarrones	macaroni
espagueti	spaghetti

Legumbres (vegetables)

guisantes	peas
espárragos	asparagus
alcachofas	artichokes
zanahorias	carrots
berenjena	eggplant
judías verdes	beans
espinacas	spinach
batatas	sweet potatoes
champiñones	mushrooms
coliflor	cauliflower
maíz	corn
cebollas	onions
rábanos	radishes
remolachas	beets
lentejas	lentils

Patatas (potatoes)

patatas cocidas	boiled potatoes
patatas al horno	baked potatoes
puré de patatas	mashed potatoes
patatas fritas	French fried potatoes
patatas rellenas	stuffed potatoes
patatas a la vasca	potatoes with garlic, olive oil and clove

Salchichas (sausages)

salchichón	salami
chorizo	garlic-spiced sausage
mortadela	pork sausage
tocino	bacon
jamón	ham

FOLD HERE

FOLD HERE

Entremeses (hors d'oeuvres)

ostras	oysters
coctel de langosta	lobster cocktail
coctel de mariscos	seafood cocktail
arenque ahumado	smoked herring
caviar	caviar
caracoles	snails
ensaladilla rusa	Russian eggs
fiambres	cold cuts
almejas al natural	clams
jamón serrano	smoked ham
paella	saffron rice with seafood, meat, and vegetables

Sopas (soups)

gaspacho	cold vegetable soup
consommé/caldo	consommé/broth
sopa de fideos	noodle soup
sopa de pollo	chicken soup
sopa al jerez	beef broth with sherry
crema de champiñones	cream-of-mushroom soup
crema de espárragos	cream-of-asparagus soup
crema reina	cream-of-chicken soup
sopa al queso	cheese soup
menestra	stew
cocido español	thick meat soup

Huevos (eggs)

huevos duros	hard-cooked eggs
huevos pasados por agua	soft-boiled eggs
huevos fritos	fried eggs
huevos revueltos	scrambled eggs
huevos escalfados	poached eggs
tortilla de . . .	omelette with . . .
huevos a la rusa	deviled eggs
suflé	soufflé

Carne (meat)

Ternera (veal)

ternera asada	roast veal
ternera borracha	veal strips in white wine
ternera en adobo	marinated veal
ternera rellena	stuffed veal

FOLD HERE

Carne (meat) continued

biftec de ternera	veal steak
escalope de ternera	veal cutlet
chuletas de ternera	veal chops
escalopes Vienesa	breaded cutlet with anchovy butter
escalopes Milanesa	breaded cutlet with egg and cheese
escalopes cordon bleu	veal stuffed with ham and cheese
ternera brasada	veal roasted and braised
ternera al jerez	veal in sherry
ternera jardinera	veal with vegetables
riñones	kidneys

Vaca (beef)

filete	filet
entrecote	boneless rib steak
solomillo	sirloin
tournedos	tenderloin
biftec	steak
rosbif	roast beef
chuletas de res	prime ribs
churrasco	charcoal-grilled meat
albóndigas	meat balls
salpicón	meat loaf
hígado	liver
lengua	tongue

Cerdo (pork)

lomo de cerdo	pork loin
chuletas de cerdo	pork chops
lomo relleno	stuffed pork loin
cerdo asado	pork roast
filete de cerdo	pork tenderloin
asado de cerdo	roast pork
costillas de cerdo	spareribs
cochinillo asado	roast suckling
jamón	ham

Cordero (lamb)

chuletas de cordero	lamb chops
chuletas de ternasco	baby lamb chops
pierna de cordero	leg of lamb
cordero asado	roast lamb
cordero estofado	casserole of stuffed lamb
cordero lechazo asado	roast suckling lamb
brochetas de filete	shish kebab

FOLD HERE

Aves y Caza (poultry and game)

pollo	chicken
pato	duck
pavo	turkey
pollo asado	roast chicken
pollo a la cazuela	chicken casserole
pollo al jerez	chicken in sherry
liebre	hare
conejo	rabbit
faisán	pheasant
perdiz	partridge
codorniz	quail
venado	venison

Pescado y Mariscos (fish and seafood)

trucha	trout
lenguado	sole
bacalao	cod
platija	flounder
merluza	hake
arenque	herring
pargo	snapper
atún	tuna
cangrejo	crab
calamares	squid
gambas	prawns
camarones	shrimp
mejillones	mussels

Ensaladas (salads)

ensalada de lechuga	lettuce salad
ensalada de frutas	fruit salad
ensalada de legumbres	vegetable salad
ensalada de tomate	tomato salad
ensalada de patatas	potato salad
ensalada de pepinos	cucumber salad
ensalada mixta	mixed salad
ensalada del tiempo	seasonal salad
ensalada corriente	seasonal salad
ensalada de pollo	chicken salad

(veh-neer) **venir**	*(yah-mar)* **llamar**
(ahn-dar) **andar**	*(kohm-prar)* **comprar**
(teh-nair) **tener**	*(ah-blar)* **hablar**
(ah-pren-dair) **aprender**	*(vee-veer)* **vivir**
(keh-rair) **querer**	*(peh-deer)* **pedir**
(neh-seh-see-tar) **necesitar**	*(keh-dar)* **quedar**

to call	to come
to buy	to walk/go
to speak	to have
to live	to learn
to order/request	to want/would like
to stay/remain	to need

(deh-seer)
decir

(ven-dair)
vender

(koh-mair)
comer

(vair)
ver

(beh-bair)
beber

(mahn-dar)
mandar

(bah-har)
bajar

(dor-meer)
dormir

(en-ten-dair)
entender

(en-kohn-trar)
encontrar

(reh-peh-teer)
repetir

(ah-sair)
hacer

to sell	to say
to see	to eat
to send	to drink
to sleep	to get out/disembark
to find	to understand
to make/do	to repeat

(es-kree-beer)
escribir

(leh-air)
leer

(mohs-trar)
mostrar

(boos-kar)
buscar

(pah-gar)
pagar

(trah-bah-har)
trabajar

(poh-dair)
poder

(voh-lar)
volar

(teh-nair   keh)
tener que

(sen-tah-doh)
estar sentado

(sah-bair)
saber

(ah-sair   lah   mah-leh-tah)
hacer la maleta

to read	to write
to look for	to show
to work	to pay
to fly	to be able to/can
to be seated	to have to/must
to pack	to know

(koh-mehn-sar) **comenzar**	*(trah-air)* **traer**
(ah-breer) **abrir**	*(en-trar)* **entrar**
(koh-see-nar) **cocinar**	*(sah-leer)* **salir**
(ah-teh-rree-sar) **aterrizar**	*(soo-beer)* **subir**
(reh-sair-var) **reservar**	*(kahm-bee-ar)* **cambiar**
(kohs-tar) **costar**	*(yeh-gar)* **llegar**

to bring	to begin
to enter	to open
to leave	to cook
to get into/board	to land
to transfer/ exchange (money)	to reserve
to arrive	to cost

(par-teer)
partir

(seh-rrar)
cerrar

(vee-ah-har)
viajar

(lah-var)
lavar

(foo-mar)
fumar

(por   fah-vor)
por favor

(preh-goon-tar)
preguntar

(pair-dair)
perder

(nee-eh-vah)
nieva

(yoh   soy)   (yoh   es-toy)
yo soy/yo estoy

(yoo-eh-veh)
llueve

(noh-soh-tros   soh-mos)
nosotros somos/
(noh-soh-tros   es-tah-mos)
nosotros estamos

to close	to depart
to wash	to travel
please	to smoke
to lose	to ask
I am	it is snowing
we are	it is raining

(el)
él
(eh-yah)
ella } *(es)* *(es-tah)*
es/está

(ahl-toh) *(bah-hoh)*
alto - bajo

(oos-ted) *(es)* *(es-tah)*
usted es/está

(poh-breh) *(ree-koh)*
pobre - rico

(eh-yos)
ellos
(eh-yas)
ellas } *(sohn)* *(es-tahn)*
son/están

(kor-toh) *(lar-goh)*
corto - largo

(owf) *(ah-dee-ohs)*
Adiós

(en-fair-moh) *(sah-noh)*
enfermo - sano

(ah-ee)
hay

(bah-rah-toh) *(kah-roh)*
barato - caro

(koh-moh *es-tah* *oos-ted)*
¿Cómo está usted?

(vee-eh-hoh) *(hoh-ven)*
viejo - joven

high - low	he she } is
poor - rich	you are
short - long	they are
ill - healthy	Good-bye
inexpensive - expensive	there is/there are
old - young	How are you?

(bweh-noh) *(mah-loh)*
bueno - malo

(rah-pee-doh) *(des-pah-see-oh)*
rápido - despacio

(soo-ah-veh) *(fwair-teh)*
suave - fuerte

(groo-eh-soh) *(del-gah-doh)*
grueso - delgado

(grahn-deh) *(peh-kehn-yoh)*
grande - pequeño

(moo-choh) *(poh-koh)*
mucho - poco

(kah-lee-en-teh) *(free-oh)*
caliente - frío

(vee-eh-hoh) *(nweh-voh)*
viejo - nuevo

(ees-kee-air-dah) *(deh-reh-chah)*
izquierda - derecha

(dool-seh) *(ah-mar-goh)*
dulce - amargo

(ah-rree-bah) *(ah-bah-hoh)*
arriba - abajo

(pair-doh-neh-meh)
Perdóneme

fast - slow	good - bad
thick - thin	soft - loud
a lot - a little	big - small
old - new	hot - cold
sweet - sour	left - right
pardon me	above - below

ow that you've finished...

ou've done it!

ou've completed all 23 Steps, stuck your bels, flashed your cards and clipped your enu. Do you realize how far you've come nd how much you've learned? In a short eriod of time, you have accomplished what it ometimes takes years to achieve in a tradi- onal language class.

ou can now confidently

- ask questions,
- understand directions,
- make reservations,
- order food and
- shop anywhere.

nd you can do it all in a foreign language! his means you can now go anywhere - from a rge cosmopolitan restaurant to a small, out- f-the-way village where no one speaks nglish. Your experiences will be much more njoyable and worry-free now that you speak e language, understand what is being said nd know something of the culture.

es, learning a foreign language can be fun. nd no, not everyone abroad speaks English.

Kristine Kershul

ave a wonderful time, whether your trip is to urope, the Orient or simply across the order.

CLIFFS NOTES REORDER FORM

BILINGUAL BOOKS "10 Minutes A Day"

Please send me the following titles from the series.

ISBN*	Title	Price	Quantity
8295-1	**CHINESE**	$12.95	
8296-X	**FRENCH**	$12.95	
8299-4	**GERMAN**	$12.95	
8293-5	**INGLES**	$12.95	
8294-3	**ITALIAN**	$12.95	
8292-7	**JAPANESE**	$12.95	
8291-9	**NORWEGIAN**	$12.95	
8289-7	**RUSSIAN**	$12.95	
8297-8	**SPANISH**	$12.95	

Publisher's ISBN Prefix is 0-9166   Total_____

☐ My check or money order for $_____ is enclosed.
☐ Bill my credit card account   ☐ VISA   ☐ MC
no._____ exp. date_____/_____
Name _____
Address _____
City _____ State_____ Zip _____
Signature _____

Prices subject to change without notice.

CLIFFS NOTES REORDER FORM

BILINGUAL BOOKS "10 Minutes A Day"

Please send me the following titles from the series.

ISBN*	Title	Price	Quantity
8295-1	**CHINESE**	$12.95	
8296-X	**FRENCH**	$12.95	
8299-4	**GERMAN**	$12.95	
8293-5	**INGLES**	$12.95	
8294-3	**ITALIAN**	$12.95	
8292-7	**JAPANESE**	$12.95	
8291-9	**NORWEGIAN**	$12.95	
8289-7	**RUSSIAN**	$12.95	
8297-8	**SPANISH**	$12.95	

Publisher's ISBN Prefix is 0-9166   Total_____

☐ My check or money order for $_____ is enclosed.
☐ Bill my credit card account   ☐ VISA   ☐ MC
no._____ exp. date_____/_____
Name _____
Address _____
City _____ State_____ Zip _____
Signature _____

Prices subject to change without notice.

Coming soon...

Published
Feb. 1984

BUSINESS REPLY CARD

FIRST CLASS   PERMIT NO. 38   LINCOLN, NE

POSTAGE WILL BE PAID BY ADDRESSEE

Cliffs
NOTES INC.

P.O. Box 80728
Lincoln, NE 68501

NO POSTAGE
NECESSARY
IF MAILED
IN THE
UNITED STATES

BUSINESS REPLY CARD

FIRST CLASS   PERMIT NO. 38   LINCOLN, NE

POSTAGE WILL BE PAID BY ADDRESSEE

Cliffs
NOTES INC.

P.O. Box 80728
Lincoln, NE 68501

NO POSTAGE
NECESSARY
IF MAILED
IN THE
UNITED STATES